图书在版编目(CIP)数据

激发学生认知参与的50个策略：为学生构建更高层次的思维训练系统/（美）丽贝卡·斯托博著；田新宇译. —北京：中国青年出版社，2023.9
书名原文：Fifty Strategies to Boost Cognitive Engagement: Creating a Thinking Culture in the Classroom
ISBN 978-7-5153-6995-2

Ⅰ.①激… Ⅱ.①丽… ②田… Ⅲ.①教学法－研究 Ⅳ.①G424.1

中国国家版本馆CIP数据核字（2023）第136031号

激发学生认知参与的50个策略：为学生构建更高层次的思维训练系统

作　　者：［美］丽贝卡·斯托博
译　　者：田新宇
责任编辑：肖妩嫔
文字编辑：郑敏芳
美术编辑：杜雨萃
出　　版：中国青年出版社
发　　行：北京中青文文化传媒有限公司
电　　话：010-65511272 / 65516873
公司网址：www.cyb.com.cn
购书网址：zqwts.tmall.com
印　　刷：大厂回族自治县益利印刷有限公司
版　　次：2023年9月第1版
印　　次：2023年9月第1次印刷
开　　本：787mm×1092mm　　1/16
字　　数：215千字
印　　张：19.5
京权图字：01-2022-5327
书　　号：ISBN 978-7-5153-6995-2
定　　价：59.00元

激发学生认知参与的50个策略

为学生构建更高层次的思维训练系统

[美]丽贝卡·斯托博 Rebecca Stobaugh 著

FIFTY STRATEGIES TO BOOST COGNITIVE ENGAGEMENT

Creating a Thinking Culture in the Classroom

中国青年出

谨以此书献给我的孩子们

愿他们能够不断挑战自我，充分发挥潜能

致　谢

特别感谢丽贝卡 · 菲尔兹和劳拉 · 比弗斯提供课堂示例，并推荐了本书介绍的几种策略。同时，也感谢玛吉 · 麦克斯韦提供颇有见地的反馈。

我们特此向以下评审员致谢：

泰里 · 拜费尔德

（堪萨斯州普莱瑞村印地安山中学　商业课教师）

默丽瑟 · 卡特莱特

（犹他州赫尔珀镇赫尔珀中学　七/八年级教师）

特丽萨 · 布勒

（华盛顿特区华盛顿拉丁公立特许学校　科学课教师）

塔米 · 尤厄尔

（犹他州赫尔曼市科珀山中学　语言艺术课教师）

约迪 · 赫伯特

（北卡罗来纳州威明顿市特区弗戈预备学校　一年级教师）

肖恩 · 马洛尼

（康涅狄格州布鲁克林镇布鲁克林小学　四年级教师）

目 录

CONTENTS

前　言

开始上课后，大家首先就前一天晚上的阅读作业展开讨论。同学们互相提问，各抒己见，完全不担心可能会说错。之后，坦纳老师解释了本节课的学习目标，但并未指明学生需要完成的成果。学生们可以选择如何就学习目标展示知识水平。课堂任务涉及的问题较为宽泛，学生们在教室里自由移动，走到相应的区域：个人反思区、小组讨论区、师生会议区和技术应用区等。整个单元教学中，学生们设计了具有现实意义的成果，例如给报刊编辑写信、筹办全校诗歌之夜活动等。

这种教学模式是一种十分必要的授课与学习的新方法。它不再是由教师站在讲台上传授知识，而是更加注重思维教育。通过不断地参与课堂活动，有意识地运用思维策略，学生们可以在较长时期内记住并掌握所学内容，从而培养和提升解决问题的能力和批判性思维能力，而这些能力将使得他们在完成学业之后也能继续受益。

本书旨在提供各种教学策略，帮助你将被动的知识传授型课堂转变为学生积极参与型课堂，介绍促进学生认知参与和知识深层次加工的课堂活动，从而打造善于思考的课堂文化。

首先，让我们快速了解一下不断变化的职场需求，以及体现本书内容和策略价值的政策及评估系统。之后，我们将就本书的整体框架做出详细介绍。

不断变化的职场需求

当下，职场需求正在迅速发生变化。早在20世纪时，能够快速地记下细节并记住信息的人会被认为是智力超群。相比之下，如今人人都可以运用现代技术在几秒钟内获取与任何事物相关的信息。但是，这些信息通常具有可靠性和有效性吗？信息的使用者又是否知晓如何解读并最大限度地利用所得信息呢？

21世纪，有价值的新商品是完善的思维技能。世界经济论坛发布的《2016年未来就业报告》中，采访者向来自领先企业的首席人力资源官和首席战略官询问了他们对就业技能的需求。表I.1展示了行业专家对2015年至2020年过渡期间就业技能需求变化的预测。注意，加粗的技能的重要性在不断增加。

表I.1　十大就业技能

2015年	2020年
1.处理复杂问题	**1.处理复杂问题**
2.团队合作	**2.批判性思维**
3.人员管理	**3.创新能力**
4.批判性思维	4.人员管理
5.谈判技能	5.团队合作
6.质量控制	6.情商
7.服务态度	**7.判断和决策能力**
8.判断和决策能力	8.服务态度
9.积极倾听	9.谈判技能
10.创新能力	**10.认知灵活度**

很显然，批判性思维相关技能的重要性日益凸显。无独有偶，哈特研究协会在2013年开展的一项调查显示，93%的雇主认为求职者“展示出的批判性思考、清楚地沟通和解决复杂问题的能力比他们本科阶段所学的专业更为重要”。就业技能期望正在发生改变！

记者凯特·戴维森在《华尔街日报》撰文写道：“各大公司的许多日常工作已经实现自动化，或将其外包出去。余下的工作通常需要员工承担更多的责任，这就需要他们具备批判性思维和同理心等其他计算机无法轻易模拟的能力。”《华盛顿邮报》记者瓦莱丽·施特劳斯研究了谷歌高层员工的素质。出人意料的是，她发现该公司认为STEM（科学、技术、工程和数学）专业技能的重要性不及其他六项重要能力：（1）能够担纲优秀指导员之角色；（2）可以有效地与人沟通，倾听他人的声音；（3）尊重不同的观点；（4）对同事有同理心；（5）拥有卓越的批判性思维和问题处理能力；（6）能够在复杂概念之间建立联系。

尽管如此，学校自始至终并未让学生们做好应对现实社会的准备。美国商会基金会指出，“从学校教育到求职就业，在这期间，教育系统没有循序渐进地培养学生们获得成功所需的各种技能。”美国商会基金会列举的求职必备技能与企业高管在表I.1中提到的技能类似。

- 团队合作能力
- 问题处理和批判性思维能力
- 组织能力
- 人际沟通能力
- 领导能力
- 职业道德和毅力

- 创新能力
- 人际关系处理和冲突解决能力

上述发现不仅仅在行业内部十分常见。在《教育在培养软技能中的作用》（*The Role of Education in Building Soft Skills*）一文中，研究人员艾伦·格林伯格和安德鲁·尼尔森发现，当教师、管理人员、家长和学生被问及何种能力最为重要时，回答"问题处理能力"的人数高居榜首，高达65%。协作能力（56%）紧随其后。此外，答案还包括耐力（50%）、创新能力（37%）、专业知识（33%）和领导才能（35%）。

由此便引出一个重要问题：如何使我们的教育系统实现从开始重视到能够培养学生认知参与能力的转变？

政策与评估系统的变化

上述对学生能力提出的要求也影响着国家层面和国际层面的评估体系。以促进经济发展和世界贸易为工作重点的经济合作与发展组织（OECD）将全球胜任力定义为一种能力，即通过批判性的视角从多个角度评估全球和文化挑战，理解不同观点如何造成差异，从而与背景不同的人们进行有效的沟通。该能力的基础是良好的分析和批判性思维技能——能够解读信息的意义，以符合逻辑的方式处理问题，评估信息的有效性和可靠性。为此，该组织设立了"国际学生评估项目2018"。该认知评估项目旨在参与全球教育治理并衡量学生的理解能力（以及分析和批判性思维能力）。

类似地，为大学和就业做准备的评估联盟以及智能平衡评估联盟正在设计严格的评估方案，通过布置考查分析能力而非死记硬背的批判性思维任务，评估学生们对求学和就业的准备情况。斯坦福大学荣休教授、学习政策研究所主席兼首席执行官琳达·达林–哈蒙德称：

> 执行类的任务要求学生们针对信息开展研究和分析，就相关证据进行斟酌，解决现实生活中的问题，让他们得以实际展示他们的知识和技能。智能平衡评估系统使用执行类的任务衡量高等教育和职场注重的各项能力——批判性思维、问题处理能力和沟通能力——这些技能在大多数州现有的评估系统中均未得到充分的评估。

美国于2015年颁布的《每个学生成功法》（简称ESSA）也将学习重点从记忆和背诵转移到更高层次的思考。该法案中的一个主要部分指出，要让学生们获得专注于高层次思考技能的学习机会。钱纳·M.库克–哈维、琳达·达林–哈蒙德、利维亚·林、夏尔曼·默瑟和马顿斯·罗克等多人写道：

> ESSA强调各州改革教育体系，使其体现21世纪的学习方式。过去，弱势学生通常接受的是死记硬背式的教育，目的是为他们将来去工厂打工做好准备。新颁布的ESSA为各州制定标准和实施评估提出了一系列期望，以发展和衡量儿童的高阶思维技能，并为他们的学习提供相关资源。

显然，在所有的课堂上建立思考型文化是十分必要的。以上述内容为基础，让我们来谈一谈本书将如何帮助你培养学生们的批判性思维能力，使思考型文化成为你课堂的一部分。

关于本书

本书将帮助教育工作者将批判性思维纳入教学之中，为他们提供50个易于实施的教学策略，提高学生参与度，深化学习效果。各州、各学区甚至个别学校都有他们认为符合学生利益且行之有效的教学理念和教学系统，但这一切最终要靠每位教师加以落实。

正如研究人员罗伯特·马尔扎诺和迈克尔·托斯所言：

> 要想让学生的技能和认知达到更高的水平，就必须让教师知晓“如何去做”，掌握基本的教学策略。这些策略能让学生们在没有教师指导的现实生活中顺利解决各类问题并做出合理决定。

有研究表明，76%的教育工作者表示，他们没有为培养学生创造性解决问题的能力储备足够的知识，也未接受过相关培训。一项针对申请国家委员会认证的教师开展的大规模研究也表明，区分已认证教师和未获取相关认证教师的关键因素是他们的课程设计能力，即能否规划出帮助学生们从初步理解到深层次学习的课程。对于教师而言，具备设计高认知水平任务的能力意味着拥有高超的教学技能。

本书整体框架如下：

- 第一章全面定义了批判性思维和认知参与，详细介绍了让学生参与深度加工信息的方法，并提供了建立思维型课堂的指导方针。

- 第二章着重介绍布卢姆分类法（修订版），描述了各个思维层次的认知过程，同时也提供了大量课堂示例，向读者展示如何让处于最有可能发挥批判性思维技能阶段的学生广泛参与课堂活动。

- 第三章确定了本书各个教学策略的讲解规范，同时阐明了培养批判性思维所必需的认知参与策略的三大要素。
- 第四章至第七章为本书的核心，即50种批判性思维教学策略。其中，第四章介绍了与布卢姆分类法（修订版）中理解层次相关的教学策略；第五章介绍了与分析层次相关的教学策略；第六章介绍的教学策略与评价层次相一致；第七章中的教学策略级别最高，对思维能力的要求也最为严格，对应布卢姆分类法（修订版）中的创造层次。修订后的布卢姆分类法描述的较高层次目标对学生的批判性思维和解决问题的能力提出考验，旨在帮助他们在完成学业之后更好地适应社会。
- 第八章通过列举思维型课堂文化的几个重要方面对全书内容进行总结。如果将教学策略比喻成砖瓦，那么本章的内容便是水泥，将书中所讲的全部策略黏合在一起。

每章末尾都设有“讨论题”和“实践题”两部分，介绍了一些可以用来将本书的理念和策略付诸实践的课堂活动。

理解了思考技能对学生未来发展的重要性之后，你便会明白为何所有教师都需要打造一种高认知参与度的课堂文化。如果你已经准备好要做出重要的转变，那么就请翻开新的一页，开启阅读之旅吧！

第一章

认知参与和思维型课堂

UNDERSTANDING COGNITIVE ENGAGEMENT AND THE THINKING-BASED CLASSROOM

> 我们常常给予孩子们的是要记住的答案，而非待解决的问题。
>
> ——罗杰·列文

教育的重点是确保获取知识（即信息、事实和数据），还是培养技能（创造力、沟通能力、合作和批判性思维技能）？传统上，行为或传递模型强调学习需要背诵和复制信息。该模型重点关注通过传递学科内容来传授知识，而非重视学习者。思维型课堂则大为不同，它以培养学生的技能和思维过程为中心（参见表1.1）。这是一条通往深度学习的路径，是在学生们完成复杂任务时助力学习的高效能策略。

表1.1　传递模型与思考模型

传递模型	思考模型
• 以教师为中心的课堂 • 一个问题只有一种正确的解决方法 • 注重成绩 • 考试文化 • 不允许学生发表观点 • 鼓励快速作答	• 以学习为中心的课堂 • 用不同的方法解决问题 • 关注学习过程 • 学习型文化 • 学生讨论不同的想法和解决方案 • 真正要求高智力水平的任务

这一切都关乎一个问题：在学习环境中，什么是思考？可以肯定的是，它涵盖了从信息分析到解决问题和有效协作技能的各个范畴及各阶段认知水平。在此方面，布卢姆分类法（修订版）十分重要，我们将在第二章详细介绍相关联系。而本章将从两个基础概念开始讲起，

它们是构成思维型课堂的两大核心要素——批判性思维和认知参与。

批判性思维

批判性思维这一提法在现代教育中十分常见，但通常情况下教师却不知晓其真正含义。批判性思维是解决问题、做出决定、提出疑问和攻克难题的理性方法。这种思维是有技巧可言的，是一切学习发生的前奏。

日常生活中，我们很多时候未能就一个问题、一个决定、一个疑问或一个难题做出批判性的思考。下列案例或许会引起你的共鸣。

- 因很肤浅的理由同他人约会（如头发飘逸、眼睛漂亮、座驾炫酷等）
- 未考虑可能造成的后果便决定外出度假
- 在未关注其内容或任务的情况下报名参加某课程或职业发展培训
- 在没有证据支撑的情况下就某问题表明自己的立场
- 参考来源不可靠的证据

通过反思未能充分发挥自身认知能力的情况，你可以初步判断批判性（或有技巧的）思维的属性。以下是与批判性思维相关的思维习惯（由阿瑟·科斯塔和贝纳·卡里克提出）：

- 坚持完成一项需要思考的任务
- 控制思想和行为上的冲动
- 灵活地思考
- 追求精准和细致
- 相互依存式思维

- 带着理解和同理心倾听他人的观点
- 清楚、准确地与人沟通
- 带着惊奇和敬畏来回应
- 能够进行创造、想象和创新
- 勇于承担思维上的风险
- 发现幽默
- 质疑并提出问题
- 将已有知识应用到新的情境中
- 通过所有感官收集信息
- 愿意持续地学习

上述哪几项是你的优势所在？

即使你个人十分擅长其中的几项，或者，认为自己在所有项目中均具有优势，这也只是培养学生的思维习惯的开始。要想真正建立一个思维型课堂，你需要把这些品质传授给每一位学生。作家兼国际教育顾问戴维·A.苏泽说："如果某件事值得教授，那么它也值得被教好。"

单纯地记忆信息无法将所学知识迁移到新情境中。但是，当学习任务要求学生们深度加工信息并深化理解时，知识迁移便容易实现了。聪明并不意味着能够记住许多事实。戴维·A.苏泽进一步强调，"认知研究支持这样一种观点，即如果学生以促进对学习材料深入和抽象理解的方式开始学习，而不是机械地对知识表层的相似性妄加利用，知识迁移就会更容易发生"。

真正的智慧是解决问题、应用新知和细致评估的能力。作家罗达·凯尼格谈道："如果没有对知识更高层次的加工，我们无非是给学生的'知识库'中添加了些惰性知识。"有关研究表明，学生们认为在认知层面具有挑战性的任务颇具意义且十分有趣。此外，约翰·哈蒂教授发现，认知挑战对学习影响的效应值为0.57。

这一效应值是使用量化方法表示努力对学习效果影响的数值，通过使用实验组和控制组对实施改变的影响与不实施改变的影响加以衡量后得出。0.57的效应值属于中等强度到高等强度范围内，代表一到两年的学业成长价值。

着重介绍以上内容的原因很简单：教学活动日趋复杂，激发学生潜能被更多地融入到了学习过程之中。问题在于，如何才能在自己的教学实践中强调批判性思维呢？邦妮·波茨提出了四个培养批判性思维的要点，并将其视为开展相关课堂活动时必须遵循的核心规则。

1. 学生与他人建组学习。

2. 提出较为模糊的开放式问题，促使学生们创造性地思考。

3. 为学生们留出等待时间，通过提问、与他人讨论和在作答之前完善想法来发展他们的思维。

4. 在不同的情境中训练学生们的批判性思维技能，从而确保他们能够将该技能运用到新情境中。

本书介绍的50个教学策略都强调了上述一个或多个要点。当你将批判性思维的这些方面和促进课堂参与的内容相结合时，学生们将充分认识到思维型课堂的益处。

认知参与

认知参与同批判性思维密切相关，是指“学生们在学习和掌握知识上投入的心理层面的努力”。学生们在认知层面积极参与时，可能会忘记时间，会有“已经下课了吗”的疑问。认知参与的其他属性包括坚持和从经验中学习、与他人分享学习心得、以饱满的热情参与学习过程等。很多时候，我自己非常努力地工作，但学生们却并没有积极地参与其中。作为教育工作者，我们必须设计要求严格的任务，引导学生们努力获取知识，并从事被称作“学习”的繁重工作。论及用在课堂上的时间，学生们应该永远比你更加努力。

考虑到认知参与对学习如此重要，它在学校教学中的应用又有多普遍呢？约翰·安托内蒂和詹姆斯·加弗进行了一项基于17124次课堂调查的研究。结果表明，大多数课堂（87%）强调以识记和理解为主的低层次思维，9%的课堂要求学生们对所学知识加以应用或分析，4%的课堂涉及综合练习和评价。该项研究还提出了定义和衡量课堂参与水平的3个标准：（1）在非任务型课堂中，有相当数量的学生没有参与课堂活动；（2）在任务型课堂中，一些学生有序地听从教师的指导；（3）在参与型课堂中，学生们积极进行认知参与。研究数据详见表1.2。你对此感到惊讶吗？

测量认知参与的情况时，应当重点关注学生行为而不是教师行为。这体现出批判性思维和认知参与之间的关系。请注意，当思维水平由低层次向中层次变化时，参与式学习水平提升了27%；相比之下，当教学从中层次的思维水平提升至高水平时，参与式学习水平提升了13%。

表1.2　参与水平和思维水平交叉表

		参与水平		
思维水平	调查次数	非任务型	任务型	参与型
低	14898	4%	94%	2%
中	1541	不到1%	71%	29%
高	685	0%	58%	42%

约翰和詹姆斯提醒我们："不提升学生思维水平而试图提高学生参与度的做法可能导致学习者积极地参与低水平的任务。"

我们从美国国家儿童健康和人类发展研究所的一项研究中找到了支持这一结论的证据。该研究分析了5年级的课堂观察记录。调查发现，学生们将58%的时间花在学习基本技能上，只有不到13%的时间花在了涉及分析和推理的更高层次知识学习上。另有不到5%的教学时间涉及合作学习，而只有不到1%的学生高度参与其中。由此得出的结论是，学生们要么服从，要么抵制，但很少有人真正积极参与。

为了让学生参与到强大的批判性思维中，马尔扎诺和托斯分析了200多万次课堂观察。他们发现，最高水平的思维任务包括假设生成和验证，且只有不到6%的授课中明显涵盖此类任务。他们断言，为了在改良后的评估中，在升入大学后，乃至在今后的职业生涯中取得成功，学生们必须具备分析和整合能力，进而指出学生们需要机会学习知识并将其应用到真实的情境中去。

低认知参与度的教学活动普遍存在。当你思考相关数据时，请扪心自问："你在自己的教室或所在学区看到了相似的情况吗？你的教学中又有多少内容关注更高层次的思考呢？"如果还有改进的空间，那也没关系。一般来说，将批判性思维融入课堂教学并非易事。幸运的是，一些现成的实用方法可以帮助教师们做出改变。

约翰和詹姆斯提出的下列问题突出强调了确保高水平认知参与的八大特征。

1. 课堂中的活动、策略、任务或想法是否允许学生做出个性化的反应？能否允许他们将自己的生活经验融入到活动中，并将这些活动、策略、任务和想法融入自己的生活？

2. 是否具有清晰的、模式化的预期？

3. 是否存在除教师以外的受众和除应试以外的目的？课堂活动对其他人有价值吗？

4. 存在社会互动吗？学生有机会探讨学习并参与互动吗？

5. 课堂营造了良好的情感安全文化吗？学生所犯的错误会被视为学习机会而给予足够重视吗？

6. 学生在参与活动时有选择的机会吗？

7. 活动具有现实意义吗？这并不是说课堂活动必须总是与学生的成长环境直接相关，但它应该与现实生活相关。

8. 学习任务新颖吗？如果孩子们感到无聊，你是否很难让他们参与其中？

约翰和詹姆斯在研究中发现，如果课堂教学具备以上8个特征中的3个，学生们持续进行认知参与的时间会达到84%~86%。只具备两个特征时，参与时间便会降至16%。只具备一个特征时，参与时间会进一步降至4%以下。

批判性思维技能可以让学生们在职业生涯和日常生活中取得成功。课堂提供了巨大的力量和机会，使学生参与课堂活动的同时锻炼批判性思维。这样的课堂教学或许颇具挑战性，但也十分有趣，对学生们很有吸引力。鉴于提高认知参与水平的重要性有相关研究做支撑，且要真正理解本书中的50种策略，有必要全面审视布卢姆分类法（修订版）中定义的认知范围，我们将在下一章对此进行详细解读。

思考与实践

思考题

请回顾本章内容并思考以下5个问题。

1. 请复习表1.1，并就下列两个问题进行反思：你的课堂教学更注重传授知识还是思维训练？如何改善教学实践，逐步打造思维型课堂？

2. 你如何定义批判性思维？你认为批判性思维的哪些特征最为重要？

3. 你的课堂教学中包括哪些体现批判性思维的内容？如何创造更多的机会培养学生们的批判性思维？

4. 你的学生进行认知参与时的表现形式是怎样的？有什么证据能证明学生们参与其中了？

5. 当你积极地让学生们参与学习时，他们的思考水平是低还是高？如何才能将学生们的认知参与程度提升至更高的层次？

实践题

请组织以下3项活动，将本章的概念应用到你的课堂教学中。

1. 请运用与批判性思维相关的15种思维习惯（由阿瑟·科斯塔和贝纳·卡里克提出）开展一项调查。让学生们判断哪些是他们的日常习惯，并指出他们需要改正的习惯。请利用调查所得的信息提出一些可以帮助他们改善这些习惯的方法。

2. 请选择一项你曾经组织过的课堂活动或布置过的作业，根据本章认知参与部分中所列的认知参与八大重要特征对该活动或作业进行反思。评估该活动或作业是否符合每项特征，并找出改进方法。

3. 与同事合作，互相观摩彼此的课堂。参照约翰和詹姆斯的研究，将不同参与水平的课堂划分为非任务型、任务型和参与型，将思维水平分为低、中、高三个等级，并将以上内容以表格形式列出。总结经验，发现优点，找出需要改进的地方，并思考改进措施。

第二章

将布卢姆分类法应用于学生思维训练

APPLYING A TAXONOMY TO THE THINKING IN YOUR CLASSROOM

> 孩子不是等待灌满的容器，而是需要点亮的明灯。
>
> ——斯瓦米·敕玛亚南达·萨拉斯瓦蒂

许多分类法可以用来对思维层次进行分类。然而只有本杰明·布卢姆的开创性著作《教育目标分类学》建立了分类学或分类系统。在《学习、教学和评估的分类学：布卢姆教育目标分类学修订版》一书中，洛琳·W.安德森和戴维·R.克拉斯沃尔建议将各个层次修改为记忆、理解、应用、分析、评价和创造。本章将重点讲解上述修订后的各个层次。你可以据此学习本书所讲的教学策略及其分类。

前三个层次，即记忆、理解和应用，通常要求求同性思维，学生们对同一作业给出的答案十分相似。然而，分析、评价和创造三个层次则以发散性思维为代表，支持各种正确的解题方法或作品。毋庸赘言，本书介绍的教学策略更多地关注批判性思维的各个方面，这些方面重点就极具挑战性的问题提出多种解决方案。不过，我们的介绍将从理解层面的教学策略开始，此乃培养相关技能之基础。苏泽将对各层面的思考总结如下：

- 记忆层次和理解层次关乎学生获取和理解信息。
- 应用层次和分析层次涉及学生通过演绎和推理进行信息转换。（第五章中的分析层次策略都隐含地包括了应用层次的思维，故而将其作为分析过程的一部分。）
- 评价层次和创造层次涉及学生创造新的信息。

布卢姆分类法（修订版）就每个层次下的认知过程加以界定，以便阐明思维的层次。这六个层次共包括19个认知过程（见表2.1）。

表2.1　布卢姆分类法（修订版）

思维层次	认知过程	
记忆	• 识别	• 回想
理解	• 解释 • 举例 • 分类 • 总结	• 推论 • 比较 • 说明
应用	• 执行	• 实施
分析	• 区别 • 组织	• 归因
评价	• 检查	• 评判
创造	• 形成 • 计划	• 制作

为了理解如何在不同的批判性思维水平上恰当地实施认知参与策略，教育工作者需要掌握在布卢姆分类法中每个层次开展深度思考所需的基础知识。我发现，由于对思维复杂性的层次缺乏深入了解，教育工作者往往会误读布卢姆的各个层次，进而误以为自己的教学是在引导学生进行更高层次的思考。

下面，我们将逐一解释各个层次以及与之对应的认知过程，并以符合各层次认知过程的学习任务为例加以详细说明。

记忆层次的思考

在记忆层次，学习者须回想之前记住的信息。虽然这是一个低层次的思考过程，但记忆信息对高层次的思考十分重要。例如，记住岩石的类型可以帮助学生们分析与岩石构造有关的问题，而后者是一种更高层次的思维技能。

记忆层次包括两个认知过程：（1）识别，（2）回想。

识别

识别指学生从一系列所给答案中选择记住的正确答案，正如做选择题一样。下列课堂活动涉及识别认知过程。

- 让学生们根据教材内容制作一套包括单词及其定义的卡片。
- 给出一份术语表和一份定义表，要求学生们将它们匹配起来。
- 给出一些形状，让学生们圈出其中的四边形。

回想

回想要求学生们从记忆中提取一个正确的答案，就像是做填空题一样。下列师生互动涉及回想认知过程。

- 向学生提问：“用来向读者展示图表主题的表头有什么特征？”
- 向学生提问：“植物利用二氧化碳制造氧气和食物的过程叫什么？”
- 向学生提问：“美国政府各部门的主要职能是什么？”

理解层次的思考

记忆层次的思考对于基本概念的学习至关重要。然而，未经过深层次处理（或理解）的信息很容易被学习者遗忘。在理解层次，学生们开始尝试在所学内容之间建立起新的联系。

理解层次包括7个认知过程：（1）解释，（2）举例，（3）分类，（4）总结，（5）推论，（6）比较，（7）说明。

解释

在**解释**时，学生将信息从一种形式转换为另一种形式，例如学生们对文本进行释义，或将文本转换成图片、图形或音乐等其他形式。下列课堂活动涉及解释认知过程。

- 指导学生们根据封面判断小说主旨。（将图片转换为文本。）
- 指导学生们使用类似GarageBand的音乐制作程序创造一首歌曲，描述所学单元中的一个关键术语。（将文本转换为音乐。）
- 指导学生们检查其他同学或往届学生做的数学题，并口头解释解题步骤。（将做题步骤转换为转述性话语。）
- 让学生们听关于雨滴及其旅程的故事，指导他们创建示意图展示雨滴在水循环中的旅行路线。（将文本转换为图片。）
- 指导学生们在“思考—结对—分享”活动之后转述同伴的回答。（将同伴发言转换为转述性话语。）

举例

通过**举例**，学生必须理解一个现有概念，之后就这个概念找到并提出一个例子。这些例子可能与其他内容或领域有关，也可能涉及先前的经验。下列课堂活动涉及举例认知过程。

- 学习不同类型的图表后，指导学生们查看一份报告，找出不同类型的相似图表。
- 在让学生学习了物质的状态后，通过制作冰块、燃烧木柴、让雪人融化等方法引导学生们识别各种化学变化。
- 给出课文中的几个明喻示例后，指导学生们给出一个包含明喻的例子。
- 就事实与观点进行对比分析后，指导学生们在一篇文章中找出作者的观点。

分类

分类指根据相似的特征对信息或项目进行分类。例如，学生们根据信息的共同属性将其分列在各个标题项下。下列课堂活动涉及分类认知过程。

- 指导学生们根据基本的运算定律（如结合律、分配律等）将数学等式分类。
- 指导学生们根据边和角的数量对停车标志、车轮等真实世界的图片进行分类。
- 解释完生物和非生物的区别后，请学生们阅读故事，并将故事中的物体分类。

- 指导学生们根据含义将新词汇分类。

总结

总结指学生把信息简化成简明的陈述。可以是就阅读、观看视频片段或观察自然事件等做出的概述。下列课堂活动涉及总结认知过程。

- 指导学生们在便利贴上写下每个段落的总结句，并粘贴在文章的空白处。
- 在学生们听完故事后，指导他们写出三个重要情节。
- 布置一道应用题并给出正确答案后，指导学生们描述解决问题所需的步骤。
- 要求学生们从有关力和运动的科学视频中找出主要知识点。

推论

推论指利用证据，通过推理得出结论。用有限的证据得出的推论可能不够准确，所以教师要向学生们示范如何找到并使用有效且可靠的证据来支撑结论。下列课堂活动涉及推论认知过程。

- 指导学生们写出一组数字中接下来的三个数字。例如，“列出以345、355、365开头的一组数字中接下来的三个数字”。
- 不同物质使用不同的显微镜载玻片，让学生们据此判断一种物质是固体还是液体。
- 文章中没有明确陈述作者观点时，指导学生们利用上下文的线索来确定作者的观点。
- 指导学生们根据阅读中的线索预测文章接下来会讲什么。

- 让学生们用十分钟观察一锅沸腾的水，指导他们描述水位的变化，并解释变化原理。

比较

比较指对比分析两个不同的观点或项目，以衡量它们的异同。例如，学生可以使用隐喻或类比做比较。下列课堂活动涉及比较认知过程。

- 通过提供两种解决方案之间的两个相似点和三个不同点，指导学生们比较两种减缓或防止风化作用改变地貌的做法。
- 指导学生们分析两张图表的数据，并判断它们在平均值、中位数和众数方面的异同。
- 指导学生们找出两个具有相同主题的段落之间的相似之处。
- 指导学生们描述两个生态系统的两个相似之处和两个不同之处。

说明

说明要求学生们充分理解因果关系。下列课堂活动涉及说明认知过程。

- 指导学生们思考一个强调运算顺序的数学题。要求他们说明如何改变运算顺序来调整解题方法。
- 指导学生们观察校园里一株带枯叶的开花植物，并列出可能导致叶子枯萎的原因。
- 让学生们阅读关于波士顿倾茶事件的报道，并指导他们分析英国可能会做出什么反应。

- 指导学生们说明为何用破折号代替逗号可能会影响文本的可读性。

应用层次的思考

应用层次是布卢姆分类法（修订版）的第三个层次，指通过执行某些程序或步骤来解决新的问题。该层次通常涉及完成一项教学任务的各个步骤，例如讲解分析一幅政治漫画的步骤，分析一篇含五个自然段的文章的步骤，或计算三角形面积的方法。

应用层次包括两个认知过程：（1）执行，（2）实施。

执行

在**执行**过程中，学生们必须努力解决新问题，判断解决问题的步骤。这包括计算代数方程中的一个变量，编辑论文中的标点符号等。在这个应用层次的较低水平认知过程中，当新的问题只有一个正确答案时，学生们应该能够快速地明确解题步骤，并利用其解决该问题。下列课堂活动涉及执行认知过程。

- 演示三位数相加的方法，然后指导学生们将两个三位数相加。例如654＋162。
- 在教室里展示不同的物体，然后指导学生们画出各个物体落入水中时产生的水花的模型。
- 给出一个例句作为示范，然后指导学生们写出与示范句结构相同的句子。
- 讲解分号的用法，然后指导学生们在给定段落中添加分号。

- 模拟罚球的步骤，将其展示给学生们，然后指导他们练习罚球。

实施

实施任务通常比执行任务涉及更多的变量，因此也更具挑战性。这是因为学生们不能立即选定清楚的步骤来完成任务，且有些问题的答案可能不止一个。下面是一些涉及实施认知过程的例子。

- 指导学生们回答以下问题：约翰有45个苹果。开车回家的路上，12个苹果从卡车上掉落。停车后，邻居送给他与车上现有数量相同的苹果。问：约翰现在有多少个苹果？
- 指导学生们列出一份为家人制作意大利面所需的物品采购清单。学生们应参考当地商店的广告把开销控制在给定预算之内。
- 指导学生们草拟一封致校长的信，就在校生使用手机政策的变化表达自己的看法。
- 指导学生们使用SOAPSTone文章分析法（作者、写作背景、读者、目的、主题、作者态度）分析一篇含有两个自然段的报纸社论。

分析层次的思考

在分析阶段，学习者运用已掌握的知识和理解力来完成更高层次的任务。能让学生们在网上便能找到正确答案，或者在几分钟内就能给教师提供一个答案的学习任务显然不属于本层次的关注范围。分析层次同时也是评价层次和创造层次中更高阶思维的基础。以改进思维过程为目的的分析和评价是批判性思维的关键组成部分。正因如此，许多人认为分析层次是深度思考过程的开始。

该层次包含三个认知过程：（1）区别，（2）组织，（3）归因。

区别

在这一认知过程中，学生必须分辨与任务相关和不相关的信息。**区别**比理解层次的比较认知过程更为复杂，因为学生们必须确定哪些信息是有用的。下面是一些涉及区别认知过程的例子。

- 指导学生们判断教师提供的资料中哪些事实与给定地形的特征不匹配。
- 指导学生们从相关信息来源中找出解决现实问题时用不到的信息。
- 指导学生们在相关文本中找出支持全球变暖正在发生这一说法的证据。
- 指导学生们从故事性文本中找出表明和支撑文章主题的语句。

组织

组织指判定相互作用和事件顺序，以确定相关信息之间的联系。在此之后，学生们必须为描述这些关系的信息设计一个新的排列方法或结构。为了方便展示，学生们可能会选择制作表格、图解、大纲、流程图或其他形式的图表来描述信息之间的相互关系。下面是一些涉及组织认知过程的例子。

- 指导学生们选择最恰当的图表格式用以展示给定数据。
- 要求学生们分析完五个源自现实生活的数学应用题后，把题目分成两组，并解释每一组中各个题目的相似之处。

- 指导学生们将20个单词分成3到5组，并解释每组单词的共同点。
- 指导学生们创建一个思维导图，或制作一个视觉图，展示正反两方就某一论题的不同主张。

归因

归因认知过程涉及对偏见、假设或观点等信息类别的判断。评估信息来源的可信度有助于学生们做出分析。下面是一些涉及归因认知过程的例子。

- 指导学生们阅读关于文字处理程序的一手资料，并在表达偏见、假设或观点等信息处添加评论。
- 指导学生们检查学生对学校午餐看法的相关数据，并让他们参考可获取的信息来确定这些数据揭示了什么观点，判断这些观点是否植根于现实的问题。
- 阅读凯特·肖邦的小说《觉醒》后，指导学生们判断作者对性别角色的态度。要求他们从文中引用至少五句话用以支撑自己的观点。
- 指导学生们阅读一篇关于枪支暴力的文章，并判断作者的观点。要求他们引用文本内容作为证据来支持所得结论。
- 在学生们回顾了某个科学实验的几个初始步骤后，指导他们分析实验者提出的假设中是否存在任何偏见。

评价层次的思考

评价信息是一项十分重要的技能，能够让学生们做好在现代社会中顺利生存并获得成功的准备。正如教育家和领导力专家道格拉斯·里夫斯所言，“怠于批评和评价是平庸的盟友”。

在评价层次，学生们检查信息来源以评价其质量，然后根据特定标准做出判断。参与评价层次的任务时，学生们通常也会运用较低水平的认知技能，特别是分析层次的技能。这使得评价成为一个参与度较高的认知过程。

该层次包含两个认知过程：（1）检查，（2）评判。

检查

检查主要针对谬误或不一致的情况。我在《初高中学生批判性思维评估》（*Assessing Critical Thinking in Middle and High Schools*）一书中写道，“拥有该认知能力的学生会对未经证实的主张加以追问，对既有观点提出质疑，并且要求对论点、解释、假设、信念或理论加以验证”。为了查证一条信息的来源，学生们可能会去了解作者的资质，判断该信息是否为相关观点提供了充分且有效的证据支撑，或评估它的获取途径是否可靠。下面是一些涉及检查认知过程的例子。

- 指导学生们观看一个小组录制的微课。录像详细展示了该小组解决现实生活中涉及多个步骤的一个数学问题时采用的解题步骤。要求他们检查该小组的作业并找出错误。

- 指导学生们检查同学基于对一次地震中每个地区震级的分析做出的推论。要求他们根据数据判断每个推论是否准确，并解释原因。

- 指导学生们检查一名同学的作文，作文中包含该名同学虚构的动物可以在特定栖息地生存的证据。要求学生们判断该同学是否使用了充分且有效的证据来支持他新创造的虚拟生物可以生存的观点。

● 指导学生们阅读一篇政治演讲，并判断其论点是符合逻辑，还是存在谬误。

评判

评判指使用设定的标准来评估各个选项。学生们在进行评判分析时，找出每个选项符合或不符合标准的原因，最终确定最佳选项。下面是一些涉及评判认知过程的例子。

● 指导学生们运用金钱和理财相关的知识判断《上周日很富有的亚历山大》（*Alexander, Who Used to Be Rich Last Sunday*）一书中的亚历山大是否做出了最好的决定。要求学生们描述故事中的亚历山大所做的3个选择，并运用数学知识解释这些选择是否正确。

● 指导学生们以小组为单位研究高品质纸巾的3个重要特性。要求各学习小组分别测试4种品牌的纸巾，并就3种特性记下每种纸巾的情况。每个小组准备一个简短的陈述，分享他们根据测试结果选出的最佳纸巾品牌。

● 指导学生们检查用以评价他们上交的劝说型信函的准则。在评价标准的自我评估一栏中，要求学生们写上依据每项评价标准的打分，重点标出评价准则中较难完成的部分，并说明评分依据。

● 在听完学校预算审查的特别报告后，指导学生们选出哪些作者的图书值得购买。由学生制定学校在选择作者时应该考虑的资质。要求学生们搜索每位作者的信息后，就每位作者的资质打分，并准备一份演示文稿，说服学校图书馆负责人，他们所选的作者是最好的。

● 指导学生们制定评价标准，据此从学生们提交的学校网站建设方案中选出最好的一个。要求学生们评估3种方案，并根据评价标准记录每项方案的优点和有待改进的地方。

创造层次的思考

布卢姆分类法（修订版）中最高的层次是“创造”。毫无疑问，它最为模糊，也最复杂。肯·罗宾逊爵士断言，创造是“一个产生有价值的原创想法的过程”。发展和认知心理学家温迪·L.奥斯特罗夫认为“创造力是行动中的想象力”。

就目的而言，创造是指学生们以设计产品为目的，采用新的方式组织信息。在这个层次上，学生们运用理解、分析和评价3个层次的思维过程来设计一个新产品来展示对学习内容的理解。畅销书作家罗伯特·格林就创造对学习的重要性写道：

> 首先，学生们通过不懈的努力、深厚的知识积累和分析技能的发展，获得了这种更高级的智慧。其次，当体验到这种直觉或洞察力时，他们总是将其归因于高级的反思和推理。

教师面临的挑战是确保自己布置的创造性任务符合必要的标准。制作海报或网站等任务不总是属于“创造层次”。该层次的任务必须使学生们能够集思广益，提出新的最佳想法，制订可行的计划，从而设计出与众不同的解决方案。

由于创造层次涉及多项严格标准，我们有必要深入探讨布卢姆分类法（修订版）中有关该层次的内容。教育顾问帕蒂·德拉珀提出了以下6条标准用以判断学生是否具备创造性思维：

- 表达其他学生没有想到的观点。

- 喜欢选择以自己的方式来表达理解。
- 提出一些看似与课堂任务不相关甚至愚蠢的问题。
- 喜欢开放式作业。
- 喜欢讨论观点而不是事实。
- 勇于尝试新方法，而不是采用公认的方法来解决问题。

在学校，教师可以布置存在多种解决方案的问题或挑战，激发学生们的创造性思维。创造层次的任务结构或许不同于典型的作文题或多项选择题。事实上，它更注重学生们的表现。为此，教师可制定任务和评估标准，要求学生们通过某种形式的产品、介绍或演示来展示他们的知识和技能，从而证明自己可以将知识和技能运用到真实的情境中。此类评估通常涉及跨学科知识。创造层面的学习情况评估有许多积极的影响，例如融入批判性和创造性思维，针对有意义的任务开展个性化学习，让学生们参与真实性任务，并通过合作增加课堂之外的学习机会。

里夫斯指出，学校对创造性思维的支持具体体现在：（1）包容学生们的错误，（2）严格的决策系统，（3）培养创造力的文化，（4）支持创造力并率先垂范的领导团队。他断言，创造力意味着无数次的尝试，以获得高质量的产品。里夫斯也提出了与创造性思维相关的8个维度。

1. **研究基础**：学生们通过研究来支持创造性的想法。
2. **跨学科视角**：学生从多个领域考虑不同的视角。
3. **原始材料**：新的思想建立在先前思考的基础之上。
4. **明确的指导方针**：学生们依据评价标准获得一致的反馈。
5. **产品**：学生们制作产品（如博客、演讲等）。

6. 过程：相关记录显示了整个项目中学生思维的演变情况。

7. 协作：项目的开展离不开协作。

8. 练习和纠错：学生们反复练习，接收针对错误的反馈，并作出改进。

真实性任务特别适合运用在涉及创造层次的课堂活动中。有效地利用确确实实存在的真实问题是最具影响力的教学实践之一。当学生们被赋予记者或调查员等真实角色时，他们可以参与这些更高层次的认知过程。扮演这些角色的学生可以参与解决真实的复杂性问题。表2.2展示了现实问题和真实问题的对比。

表2.2　现实问题与真实问题的对比

现实问题	真实问题
任务或情境的特点： •**合理性：**学生认识到问题可能真的会发生。 •**趣味性：**学生表达出对问题的兴趣，或者曾读过、看过或听说过这个问题，并认为该问题与他人相关。 •**吸引力：**学生认为值得为此投入时间和精力。	任务或情境的特点： •**相关性：**问题实际上存在于学生的生活经验中。 •**参与多：**学生对问题感到关心；问题对学生的生活和经历产生影响或作用。 •**要求高：**学生认为为此投入时间和精力是重要且必要的。 •**沉浸式：**学习任务是学生当前个人体验（生活）的一部分。 •**须行动：**为了解决问题，学生将采取实际行动。

创造层次包含3个认知过程：（1）形成，（2）计划，（3）制作。

形成

参与**形成**认知过程时，学生们通过对各种相关选项加以假设和探索，提出不同的想法或方案，用以解决悬而未决的问题。通常情况下，这些新想法始于探索可能的解决方法。为此，学生们起初必须全面搜集资料，详细了解问题，确保所提想法与该问题在逻辑上存在联系。学生们的想法应该是多样、独特且详细的（这意味着他们的思维十分活跃）。

为了提升思维过程的效果，可以先让学生们集思广益，再对他们提出的想法加以评判；让他们多多提出与主题相关的想法，因为想法的质量与想法的数量息息相关；让学生们列出并确认所有的想法供参考，因为已有想法可能会激发其他想法；要求他们通过增加或结合想法等方法来改进所提想法。与形成认知过程相关的任务通常被表述为头脑风暴、设计、创造、产生、构建和完善。协作（例如让学生们单独思考，然后以小组为单位选出最佳想法）也是创造层次的一种有效做法，起到增强剂的作用。以下是与形成认知过程有关的活动。创造层次中不同认知水平的后续任务便以这些例子为基础。

- 指导学生们选出一位他们希望在下届总统选举中再次参选的美国总统。让他们决定哪位前任总统是能够服务现代社会的最佳人选。

- 指导学生们就一个辩题提出多个论点。例如，询问他们：“学生应该给老师打分吗？”

- 指导学生们集思广益，找到验证“振动的材料是否能发出声音，声音是否能使材料振动”的方法。

计划

计划是创造层次的第二步。有了想法之后，学生们需要开展评估以选出执行项目的最佳方案。按照布卢姆分类法（修订版）的评价层次，学生应该排序、择优、分类并选择最佳选项。一般来说，完成任务的方法不止一种，学生们的最终成果也应千差万别。修改现有想法或弃之不用、以新代旧常常是计划过程的一部分。下面是一些使用计划认知过程的例子。

- 学生们从往届总统中选出候选人后，指导他们以竞选经理的身份为候选人所在的政党制订计划，确保在下次选举中获胜。
- 在学生为他们的辩题立场确定最佳的中心论点后，指导他们列出大纲，找出支持中心论点的材料来源和证据。
- 在学生选出研究振动的最佳方式后，指导设计实验，详细说明待完成任务、所需材料及经费预算。

制作

创造层次的最后一步是**制作**，即按计划制作成果。评判创造力绝非易事，以下3条标准十分有用：（1）新颖（原创成果或过程），（2）解决方案（成果满足预期需求），（3）精心设计与合成（将不同部分整合成新品、精品的水平）。你可使用类似表2.3中的标准评估学生的创造性思维水平。

表2.3　创造、想象和创新的标准

等级	说明
4.专家： 无意识 且能胜任	跳出思维定式；拥有各种各样的创新策略；喜欢提出有创意的解决方案；从多个角度审视各种可能性；想象力丰富；努力寻找创造性的新方法完成任务；通过搜索细节信息扩大发挥创造性洞察力的可能性；渴望听取建议，并能利用他人想法寻找解决方案；经常反思和运用元认知；就想法的可行性提供详细反馈；使用各种媒体展示想法和计划
3.从业者： 有意识 且能胜任	提出解决问题的新思路；开发和使用多种策略来完成任务；不断创新；开展细致研究；根据已有知识提出各种选项和可能性；无论花费多长时间都能完成任务；表现出良好的反思和元认知能力
2.学徒： 有意识 但不能胜任	开始主动提出一两个富有想象力的想法；不断提升策略；需要获得鼓励来培养创造性思维；短时间内得不到答案则不再坚持；在指导下发展元认知
1.新手： 无意识 且不能胜任	会说出“我向来不擅长艺术”“我不会画画”“我没有创造力”“我不会做”等话；缺乏提出新想法的策略；害怕创新；面对新问题时，不愿寻求多种方法加以解决

以下是运用制作认知过程的活动。

- 指导学生们向全班推销他们的竞选计划（创造的成果）。大家采用统一的标准选出哪一份计划最能够说服全班同学，他们的候选人是最佳选择。

- 指导学生们以提纲为基础写一篇完整的文章，以他们选用的证据为支撑。

- 指导学生们开展调查并写出实验结论。学生们分享各自的学习成果，并分析如何完善调查过程。

统观全局

请注意，当学生们进入布卢姆分类法（修订版）的更高层次时，对相关任务的要求也就更高，因此需要他们花更长的时间完成。例如，如果你让学生们找出故事中的主角，他们会很快给出答案（理解层次）；然而，如果让他们通过提供一些文本证据来判断主角是否是个骗子（评价层次），这就需要更多的思考时间。大多数创造层次的任务需要几天或更长时间才能完成。所以，如果你问的问题教室里立刻有人举手回答，那这很可能属于低层次的问题。

希望这些想法能促使你思考如何将批判性思维融入课堂教学，让学习者充分参与其中。一般来说，这并不需要取消当前的学习任务。相反，只需稍加调整，便可将现有的学习任务逐步提升至更高层次的思维水平。随着对布卢姆分类法（修订版）的理解越来越精准，相信你可以找到更好的方法。

思考与实践

思考题

请复习本章内容，并思考下列5个问题。

1. 教学反思：你的学生们在各层次花费的课堂时间分别占多大比例？你想调整这些比例吗？为什么？

2. 你组织的哪些活动属于较低层次的思维水平？如何将它们提升为更高层次的思考任务？

3. 本章介绍的哪些活动可供你采用？为使这些活动更加适合学生

学情和教学内容，你将如何调整？

4. 为使学生们在整个学期乃至整个学年中持续不断地进步，你将给他们布置哪些创造层次的新任务？

5. 当学生们在更高层次学习和思考时，你会关注他们的哪些特质？

实践题

通过组织以下4项活动，将本章所学的概念运用于你的课堂。

1. 选一项课堂任务进行分析，判断其处于哪个层次的思维水平。

2. 选一项涉及较低思维水平的课堂活动或任务，尝试对其加以调整来提高思维水平。

3. 让学生们采用与其年龄相适应的标准，对他们的批判性思维水平开展自我评估。

4. 要求学生们采用表2.4所示模型汇报他们的项目。

表2.4　创造性思维四象限汇报模型

肯定积极做法	尝试消除疑问
首先，列出活动或会议中积极或成功的方面。提出如下问题： •“我们的哪些做法很有效？” •“这次活动中最好的部分是什么？” •“哪些是按计划或预期完成的？”	接下来，明确活动中不清楚、不确定的部分或方面。提出如下问题： •“活动中哪些事是你不清楚的？” •“什么让你存疑或困惑，什么让你感到费解或不知所措？” •“你希望自己能更好地理解或知晓哪些已做或未做之事？”
做出改进提升	**发现新的联系**
通过提出如下建设性问题来考虑任何可能无效或不够成功的事项： •“该如何改进才能做得更好、更有效？” •“在处理什么事情上，你希望我们采用哪些不同方法？” •“我们可能忽略了或忘记了什么？” •“你希望我们多做（或少做）什么？”	注意新的发现或意想不到的结果及其影响。提出如下问题： •“我们从这项活动中发现了什么之前不知道或未尝试过的事情？还能想到其他新的可能性吗？” •“发生了什么让我们惊讶或出乎意料的事情？我们从中学到了什么？” •“我们是否有一些未来想尝试的新想法？”

第三章

培养批判性思维技能，激发学生的参与热情

DEVELOPING CRITICAL-THINKING SKILLS AND FOSTERING ENGAGEMENT

> 期待不能作为一种策略。
>
> ——美国空军特种部队飞行员

教育工作者对有效教学的认识已经发生了重大改变，即从教师为主导的教学转向认知复杂且学生为主导的教学。随着批判性思维融入学生主导的任务中，学生们必须积极地（独立和与他人合作）对所学知识加以应用。通过运用以学生为中心的教学策略，你将激励他们“成功地将其所学的知识运用到高度复杂的任务中”。

上述过程不能一蹴而就。为了适应严格的新要求，学生们需要经常参与复杂的认知任务。这意味着要让他们打牢基础，逐步推进（参见图3.1）。通过适当“搭建脚手架”，你可以从基本的知识应用到需要创造层次能力的复杂任务等各个方面为学生们提供支持。他们将能够使用新知识来解决问题，做出决定，评估信息，展开推断，批评论点的逻辑，并纠正错误和误解，所有这些不需要你予以过多指导。

为了帮助教师在教学方式上做出重大转变，采用更多的以学生为中心、更高层次的任务，可以适当采用一些指导方法和教学策略，设计有利于学习且能指导学生自主学习的课程。马扎诺和托特指出：

> 要想让学生们获得更高水平的技能和认知，我们就必须让教师知道“如何做”，学习能够帮助学生在没有教师指导的现实场景中解决问题和做出决定的基本教学策略。

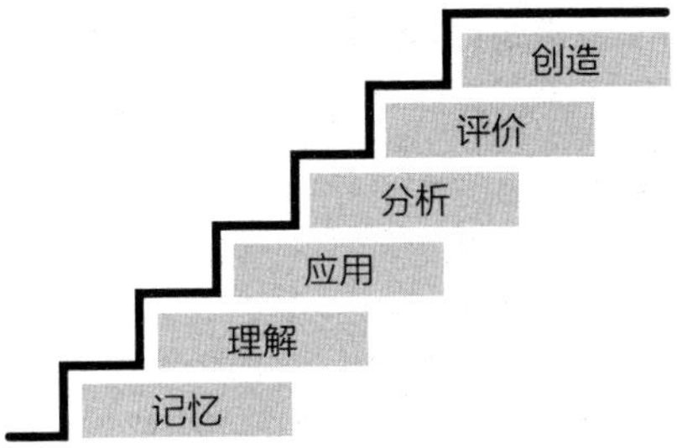

图3.1　思维水平进阶图

第4章至第7章介绍的50种教学策略采用了自下而上的方法，先从理解层次讲起，然后依次过渡到分析层次、评价层次和创造层次的教学策略（参见表3.1）。因为记忆层次和应用层次包含在之后（更高的）各级别的活动中，所以未单设章节讲解。类似地，有些策略也可能会激发较低层次的思考。

再次重申，本书旨在建立一种学习文化，激发学生们的认知参与。为此，本章着重讲解为学生们提供足够机会以应用这些策略的重要性，并确立了三个指标：（1）运动，（2）合作，（3）媒介素养。上述指标展示了这50种策略如何培养学生的批判性思维并确保学生们的参与热情。

创造参与机会

回顾第一章，大多数课堂教学（58%）在较低的思维水平上进行，只有大约6%处于最高水平。若论及培养学生的批判性思维技能，这么做意味着损失了大量的机会。

当学生们获得多种机会来形成和完善批判性思维技能时，他们处理复杂认知任务的能力便会得到提升。然而，如果教师不能在学生处

表3.1　按布卢姆分类法（修订版）不同层次分类的教学策略一览表

理解	分析	评价	创造
策略1：词汇积累动作 策略2：归纳学习 策略3：矩阵图 策略4：十大重点词汇 策略5：积累背景知识 策略6：内容链接	策略7：概念习得 策略8：隐喻 （理解到分析） 策略9：媒体隐喻 （理解到分析） 策略10：引用与代码 （理解到分析） 策略11：视觉思维 策略12：概念图 （理解到分析） 策略13：思维导图 （理解到分析） 策略14：欣赏、思考和提问 （理解到分析） 策略15：学前引导 策略16：掷骰子 策略17：认知调查表 （理解到分析） 策略18：鱼骨因果分析法 （理解到分析） 策略19：引导阅读思考活动 策略20：旁听引文 （理解到分析） 策略21：差异性事件 （理解到分析） 策略22：程度晴雨表 策略23：SWOT分析法 策略24：画廊漫步 （理解到分析）	策略25：四角分析法 （记忆到评价） 策略26：排序法 策略27：提问法 （记忆到评价） 策略28：推理法 策略29：案例分析拼图 策略30：思考—分组—分享连续体 策略31：制定决策 策略32：同学互评 策略33：全方位进行评估 策略34：调查 策略35：评估作者的推理 策略36：媒体分析 策略37：互问法 （理解到评价） 策略38：发现谎言 策略39：四问法 策略40：论点、论据、理由 策略41：颜色编码的关键反馈 策略42：排序、讨论、写作 策略43：肯定与质疑引文	策略44：亲和图法 策略45：问题解决法 策略46：旋转木马式头脑风暴法 策略47：奔驰法 策略48：点击与点归类法 策略49：六顶思考帽法 （评价到创造） 策略50：推论阶梯法 （理解到创造）

理认知水平越来越高的任务时让他们保持注意力集中，这种能力便得不到提高。阿迪纳·M. 克莱姆和詹姆斯·P. 康奈尔在为教育研究和改革研究所撰写的文章中指出："那些认为学习任务具有挑战性的学生可以通过自身努力、战略思维、解决问题、查找信息和实验验证等方式，在面对失败时积极地坚持。"

我们的目标是让学生高度参与，展示高水平认知，从而实现高度的认知参与。教育工作者罗恩·理查德、马克·丘奇和卡琳·莫里森建议学生通过"使用学科的方法和工具解决问题、做出决定和加深理解"来参与真正的智力活动。要做到这一点，就需要教师扮演促进者的角色，引导学生们解决复杂的、现实世界的问题，从而让他们做到自主学习。

以下内容介绍了在学生们蜕变成高水平批判性思考者的过程中，运动、合作和媒介素养在确保学生认知参与方面的作用。表3.2列出了本书的每一个教学策略是如何跟这些参与指标保持一致的（尽管一些策略有所越界）。你可能会注意到，大多数策略都属于合作类型，因为这是实现课堂参与的最常见的方式。

通过运动实现认知参与

针对大脑的各项研究揭示了认知和运动过程（思考和移动）之间的紧密联系。苏泽指出，"似乎我们对小脑研究得越多，就越意识到运动与学习和记忆的联系密不可分"。运动增加大脑血液中的氧气含量，有助于大脑执行任务。在一项研究中，研究人员让高中生在步行十分钟后完成一项任务。结果显示，学习成绩较低的一组学生在评估项目的

表3.2　促成认知参与的教学策略

运动	合作	媒介素养
策略1：词汇积累动作 策略2：归纳学习 策略3：矩阵图 策略6：内容链接 策略20：旁听引文 策略24：画廊漫步 策略25：四角分析法 策略30：思考—分组—分享连续体 策略39：四问法 策略42：排序、讨论、写作 策略43：肯定与质疑引文 策略44：亲和图法 策略46：旋转木马式头脑风暴法 策略48：点击与点归类法	策略4：十大重点词汇 策略5：积累背景知识 策略7：概念习得 策略8：隐喻 策略12：概念图 策略13：思维导图 策略15：学前引导 策略16：掷骰子 策略17：认知调查表 策略18：鱼骨因果分析法 策略19：引导阅读思考活动 策略21：差异性事件 策略22：程度晴雨表 策略23：SWOT分析法 策略27：提问法 策略28：推理法 策略29：案例分析拼图 策略31：制定决策 策略32：同学互评 策略33：全方位进行评估 策略34：调查 策略35：评估作者的推理 策略37：互问法 策略38：发现谎言 策略40：论点、论据、理由 策略41：颜色编码的关键反馈 策略45：问题解决法 策略47：奔驰法 策略49：六顶思考帽法 策略50：推论阶梯法	策略9：媒体隐喻 策略10：引用与代码 策略11：视觉思维 策略14：欣赏、思考和提问 策略26：排序法 策略36：媒体分析

记忆和理解水平任务中获得了显著提高，同时应用和分析水平也有所提高。不出所料，该研究还表明，在教授知识的同时加入运动任务的课堂活动可以帮助学生加深理解，提升热情。

以上内容指明了将动觉方法纳入教学实践的重要性。这不仅能提升学习效果，而且是增加课堂参与的绝佳方式。当这些方法用于强化教学效果时，有助于学生们掌握所学知识。动觉学习任务对于来自较低社会经济背景的学生尤为有效，因此更应在条件允许的情况下将运动融入到课堂教学中。此外，你还会发现，它对课堂管理也可产生积极的影响。

通过合作实现认知参与

包含学生合作的教学策略益处颇多。正如本书前言部分所言，用人单位将问题处理能力和协作能力视为学生为职业生涯做好准备的两项关键软技能。通过合作，学生们在完成任务的同时学习如何解决争议并处理不同的观点，进而促进深度认知学习。

合作的另一个好处是能够提高学生参与度。在《教育在培养软技能中的作用》一书中，加雷斯·汉考克老师指出：

> 观察两名学生一起做某事，你会发现他们的学习会更加深入。学生们作为发现和提出问题的人，拥有对学习的控制权，而不需要教师提供所有相关信息。

合作增加了学生们的参与热情，使他们对学习拥有控制权。一般而言，通过合作取得的最终成果更佳，也可以提升学习效果。然而，合作之所以是认知参与和学习的绝佳形式的另一个原因是：合作会激发提问。

在合作过程中，学生们经常会提出很多问题，从而加深对任务的理解。提问表明他们积极参与了学习过程，使学习过程变得可视化。然而研究发现，课堂提问会随着时间的推移而逐渐消失。

学龄前儿童为了理解和获取信息，每小时可提出76个问题。然而，在相同的时间内，幼儿园孩子所提问题的数量减少到2至5个。糟糕的是，到了五年级，学生们每天问的问题只有0到2个。有意思的是，一项分析显示，顶尖的科技天才和发明家都有一个共同特征——喜欢提大问题。

学生们提问时，其内在动机表现在他们内心对理解的渴望。奥斯特罗夫指出，“谁提出问题，谁就掌握权力”。而当学生们意识到老师十分重视他们的问题时，提问便可以激发批判性思维。

通过培养媒介素养实现认知参与

以网络视频、电视、报纸、杂志、电影、歌曲、漫画、图片和海报等为媒介的信息广泛存在于社会生活之中。然而，能够观看媒介信息并不等于能够理解媒介信息。因此，特定的读写技能必不可少。就本书而言，媒介素养指“以各种形式获取、分析、评估和传播信息的能力”。

有研究者指出，媒介素养教育可提升中低水平学习者的高水平思维技能。此外，使用媒介可以提高学生参与度，提升教师在教学中的创造力。媒介是学生日常学习的一部分，他们每时每刻都离不开它。美国国家社会研究委员会指出：

> 学习的核心是读写能力——获得、分析、评估和交流信息的能力。媒介素养扩展了传统的素养概念，囊括了主导学生生活的传播形式。要想让学生习得文化知识，我们必须教会他们从印刷和非印刷形式的媒介中获取信息的技能，并使之成为习惯。

鉴于此，让媒介进课堂不仅是一种吸引学生注意的手段，也是与他们建立联系的方式。那么，是什么让媒介的功能如此强大呢？

媒介提供各式各样的观点和价值观。学生们可以学习如何使用媒介（也可以了解他人如何使用）来影响人们的行为、态度和信仰。伊萨卡学院教授辛迪·沙伊贝和媒介素养战略师费思·罗戈详细描述了与媒介素养相关的四个主要领域：（1）理解媒介信息，（2）分析信息目的，（3）对媒介的可信度和观点进行理性评估，（4）反思媒介如何与学生的价值观和信仰相一致。你或许已经知晓这些技能如何归入布卢姆分类法（修订版）的各个层次。有效使用媒介也能帮助学生们集中注意力，这无疑是另一大效用。

接下来的各章中，你将看到运动、合作和媒介素养如何与50种教学策略相结合，帮助学生的认知从理解层次成长到创造层次，并在课堂上形成真正的批判性思维文化。

思考与实践

思考题

回顾本章内容并思考以下问题：

1. 你一般会采用什么教学策略来促使学生们进行运动？

2. 你认为哪种策略能最有效地让学生们进行批判性思考与合作?

3. 如何运用媒介培养学生的批判性思维?

4. 将运动、合作和媒介融入课堂活动中会遇到哪些挑战?

5. 你使用了哪些其他策略来促进课堂认知参与?

实践题

通过组织以下3项活动，将本章所学的概念用于你的课堂上。

1. 回顾表3.2中有关课堂参与的教学策略。标出你目前正在课堂上使用的策略。

2. 分析一个教学单元。制作一个类似表3.2的图表，列出你将运动、合作和媒介融入课堂活动时采取的教学策略。

3. 选择一个需要更多认知参与的课程。找出一种可以更多地将运动、合作和媒介整合到课程中的方法。

第四章

理解层次教学策略的实施

IMPLEMENTING STRATEGIES FOR UNDERSTAND-LEVEL THINKING

> 最高级的快乐源自理解所带来的愉悦。
>
> ——达·芬奇

本章将重点介绍与布卢姆分类法（修订版）中理解层次相关的6种教学策略。每种教学策略都要求学生们运用记忆层次的认知技能（识别和回想），并结合解释、举例、分类、总结、推论、比较、说明等理解层次的认知技能。每种策略对应的图标表示该策略下的教学活动所涉及的分类法步骤（层次），以及激发课堂参与的主要手段（运动、合作或媒介素养）。

对每种策略的介绍包括以下内容：概念、目的、课堂示例、实施该策略的一系列步骤、使用该策略的其他形式，以及针对不同科目的教学示例。

策略1

词汇积累动作

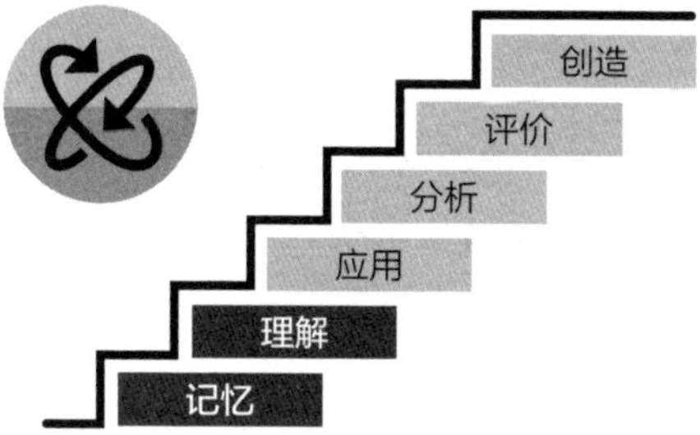

“词汇积累动作”是一种通过肢体动作帮助学生增加词汇量的策略。教育专家埃里克·詹森在文章中详细阐述了体育活动与各年龄段学生的长期记忆和注意力集中之间的紧密联系。值得一提的是，他以贝蒂·哈特和托德·里斯利的工作为基础，揭示了词汇积累对于入学时间晚于同龄人的贫困生的必要性。

研究还表明，通过肢体动作表达概念对低龄学童（学龄前至五年级）十分有效。如遇抽象概念时，标志性或代表性的手势可以描述对象或事件，从而促进理解。例如，学生可能会将双臂向前平伸以表示平行线。相比之下，隐喻性手势涉及视觉图像，但更为抽象。例如，表示“独裁”一词时，学生会把一只胳膊举过头顶，同时一根手指指向上方，意为“拥有绝对权力”。

对于在解释概念上有困难的学生来说，手势使得教师能够明白学生的理解。著名儿童心理学家让·皮亚杰认为，手势在学生的学习、发展和交流中扮演重要的角色。学习研究科学家沃尔夫–迈克尔·罗思对此表示赞同，他认为手势是儿童认知发展的关键组成部分。使用手势作为抽象概念的表征可以促进学生的学习。教师用手势教词汇时，学生们更容易记住。

课堂示例

二年级的学生正在通过阅读和分析一个故事学习10个词语。学生们两人一组，用手势表达每个词语及其定义。复习时，学生们一边背定义一边用手势表达。

教学策略实施步骤

请使用以下3个步骤实施“词汇积累动作”策略。

1. 选定并向学生们讲解你希望他们掌握的词语。

2. 向学生们介绍一些使用该策略表示词语的方式。以下几个“词汇积累动作”策略的方式供你选用。

- **使用手势**——让学生们创造他们自己的代表性手势，用具体的方式演示词语。此外，学生们还可以设计以更抽象的方式描述词语的手势。例如，学生们可以用这样的手势来展示他们对“降水”一词的理解：双手高举并摆动手指，然后将双手缓慢放下，表示降水落至地面。

- **小组合作摆造型**——为了增加互动性，让学生们以小组为单位用身体表示词语。例如，为了展示“保护”一词，可以让两位学生站在中间，第三位学生用手臂抱住他们。

- **搭建模型**——以个人或小组的形式，给学生们发放道具（如便利贴、记号笔和积木），并指导他们创建抽象模型来表示词语。例如，学生们可以搭建一个小塔，以便利贴代表“司法部门”（处理棘手问题的部门），积木代表“立法部门”（制定法律、构建社会规则的部门），工艺棒代表“行政部门”（总统作为关键人物领导该部门）。

3. 让学生们从以上3种方式中选择一种，展示他们对词语的理解。

其他形式

你可以使用策略1开展其他形式的教学活动。

- 让学生们录制视频，展示他们创造的与所学词汇相关的舞蹈动作。
- 变换使用该策略的形式，例如让学生们表演手势，玩猜谜游戏。

其他科目的教学示例

以下展示了讲授其他科目时使用策略1的示例。

- 语言艺术教师指导学生们设计手部动作表示英语词根的意思。例如，一个小组提出用拉拽的动作代表“tract”（拉拽）这一词根的意思。
- 在植物生物学的一个单元中，学生小组创造了播种的手势（将种子从袋子内取出，并通过抖动手将种子撒进土壤中）来表示“授粉”。小组还与全班分享这个手势是如何能够表达授粉的。
- 数学教师将学生分成4组，给每组发放道具，并指导他们制作与教学单元中的几何公式相关的模型。
- 在有关美国民权运动的教学单元中，社会研究教师让每四名学生组成一组，指导他们使用小组合作摆造型的方式来说明或表达与民权运动相关的概念或术语。然后，要求学生们就他们摆的造型是如何表达相关概念或术语的给出3个理由。

策略2

归纳学习

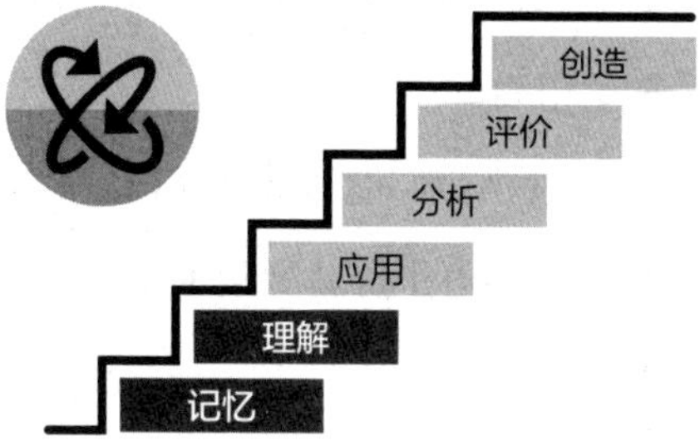

概括地说，归纳式教与学是一种让学生们进行高阶思维的方法。探究式学习、项目式学习、发现式学习等都是归纳学习的形式。**“归纳学习”**策略侧重于使用归纳学习的方式对信息进行分组和分类，从而加深理解。你可使用该策略进行预评估，了解就某一主题而言学生已掌握的知识，或者作为复习手段评估他们的学习效果。

课堂示例

教师发给学生们20个与戏剧制作有关的主要术语，如“剧本”“保守派”等。教师让学生们结对，并根据共同特征将词语分组。然后，要求每组学生为每组词语创建一个描述性标签。课堂上，学生们分享他们的想法，并把背景知识和他们创建的分组联系起来。

教学策略实施步骤

请使用以下4个步骤实施“归纳学习”策略。

1. 制作一个术语、图片或数据列表。若想帮助学生们扩充词汇量，如教学对象是中学生，可使用15到25个术语。对于年龄较小的学生（学龄前至五年级），可适当减少术语数量（约5到10个）。所选术语应该与课堂上正在进行的教学相关。

2. 选定展示方式，使学生们能够看到你选出的术语并参与与之相关的互动。例如，你可以用电子屏幕展示术语，也可以将其以书面材料的形式发放给学生们。

3. 让学生们单独或以小组为单位根据术语的共有特征对其进行分组和归类，并为每组术语起一个描述性标题。

4. 组织课堂讨论，学生们分享分组方法以及他们能够想出哪些类别。

其他形式

你可以使用策略2开展其他形式的教学活动。

- 让学生们集思广益，想出活动中使用的术语，而不是使用教师提供的术语。

- 使用这个策略进行预评估，看看学生是否理解各个术语之间的关系。

其他科目的教学示例

以下展示了讲授其他科目时使用策略2的示例。

- 语言艺术教师向学生们展示20条他们读过的小说中的关键引文，并要求学生们对这些引文进行整理和分类。
- 科学教师选择各种各样的动物，并指导学生们确定它们的种群和分类。这一过程中，学生们考虑并讨论每种动物的行为、外观、栖息地等因素。
- 数学教师指导学生们根据不同形状的属性将它们分组。
- 在关于美国原住民文化的教学单元中，社会研究教师指导学生们分组学习，并给每组一盒代表特定美国原住民部落的物品。学生们一起将物品分类。
- 视觉艺术教师给学生们展示各种艺术品，并指导他们运用已有知识，根据艺术品的外观将其分组。教师使用分组结果引导学生们讨论艺术史、色彩运用、笔触与技法、艺术运动等内容。

策略3

矩阵图

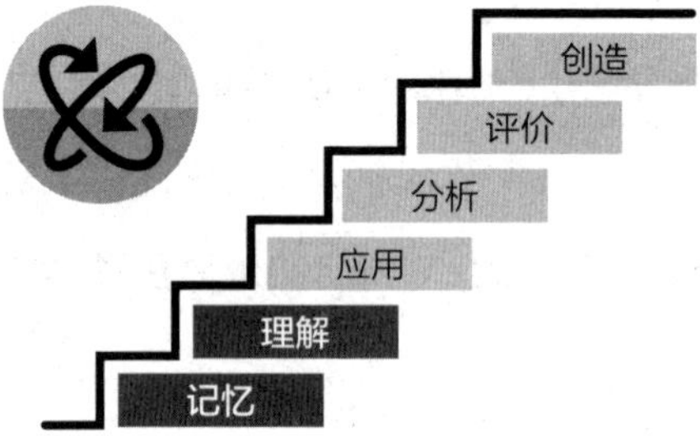

“矩阵图”策略既可以让学生们接触到各种各样的观点，同时也可以评估学生们对一个话题或一堂课的理解。矩阵图策略包括让学生们分析两个变量或观点，并观察这些观点如何相互作用。矩阵图的每个轴均代表从0到10的变量。学生们对观点加以考量，之后决定它们在矩阵图中的位置（见图4.1）。该策略为学生们提供时间来深入思考两个观点，同时公布他们标记的数据点。在确定应采用什么变量时，应当注

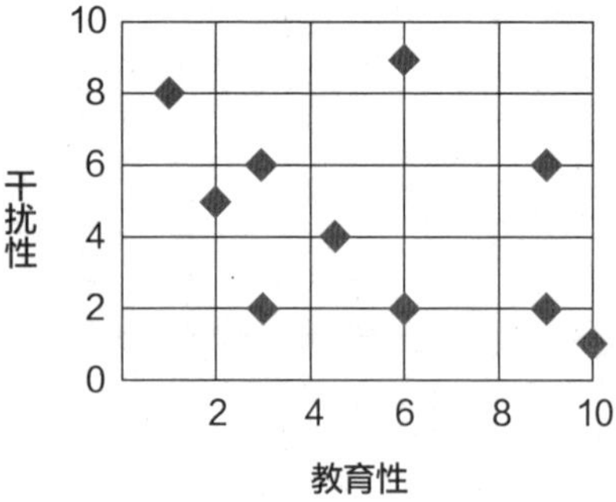

图4.1　课堂上使用手机对学习的影响矩阵图

意许多文本信息提出的论点包含两种相反的观点。该策略对于这类文本来说是一个很好的对话开端。

课堂示例

教师给每位学生发一张矩阵图，同时在教室里的图纸上张贴一个大图。学生们思考在课堂上使用手机对学习的好处和分散注意力的风险。学生决定如何为每一条观点评分。例如，某生喜欢在课堂上使用电子产品，在相应轴上给了9分，但也有点担心使用电子产品可能会分散注意力，在相应轴上给了6分。另有两名学生的评分与该生略有不同。学生们将评分标记在各自的矩阵图上，然后将数据点绘入教室矩阵图（见图4.1）。教师将学生们分成小组，对数据进行反思，并思考全班讨论的话题。

教学策略实施步骤

请使用以下7个步骤实施“矩阵图”策略。

1. 选择两个用于排列矩阵图的变量。这两个相互关联的变量可以引发学生讨论，揭示不同的观点。

2. 让每位学生在纸上创建一个矩阵图，并进行评分。例如，学生们可能在一个从0到10的标准中对一个非常重要的话题（保护环境）给出9分，但对一个不太重要的话题（环境项目的财政支持）给出2分。然后学生们在矩阵图上标出交点。

3. 指导学生们利用矩阵图下面的空白处写几句话证明自己的观点。鼓励学生们使用阅读材料或其他材料来支持他们的答案。

4. 在图纸上画一个大的矩阵图并将其贴在墙上。让学生们使用便利贴（或小图钉）在教室矩阵上标记他们的评分，创建一个聚类图。

5. 将全班同学排列成两个同心圆——组成内圆和组成外圆的学生面对面而坐。指导学生们检查数据，并提出以下问题。

- “你从数据中发现了什么？”
- “你观察到什么规律了吗？它们告诉你什么？”
- “什么让你感到惊讶？”
- “你能推断出什么，得出什么结论？”

每个问题结束后，请学生与前面的同学讨论他们的答案。

6. 讨论结束后，让外圈的同学向右移动三个位置，与对面的新同学一起讨论下一个问题。

7. 让学生们在小组讨论中分享他们的结论。

其他形式

你可以使用策略3开展其他形式的教学活动。

- 在单元学习接近尾声时，将学生们分组，让每组运用本单元所学知识提出一个主题和两个变量进行分析。然后全班选择一个或多个小组的想法，创建一个矩阵图。
- 为了衡量从活动开始到结束学生们所持观点的变化情况，让他们使用不同颜色的便利贴（或小图钉）以便显示其观点在讨论结束时是否发生了变化。这是一个有效的可视化方法，可以展示有多少学生对话题的想法发生了改变。

其他科目的教学示例

以下展示了讲授其他科目时使用策略3的示例。

- 科学教师设计矩阵，让学生们分析学习空间的重要性与相关成本。
- 数学教师设计矩阵，让学生们分析解题过程的重要性和找到正确答案的重要性。
- 社会研究教师设计矩阵，让学生们分析企业可以承担多少风险和承担这种风险可能带来的利润。
- 就业指导教师让学生们绘制矩阵图，在一根轴上用1到10（1代表最小努力，10代表最大努力）中的一个数字评价他们在制作简历上花费的精力，在另一根轴上标出自己的作业得分（1到10分）。

策略4

十大重点词汇

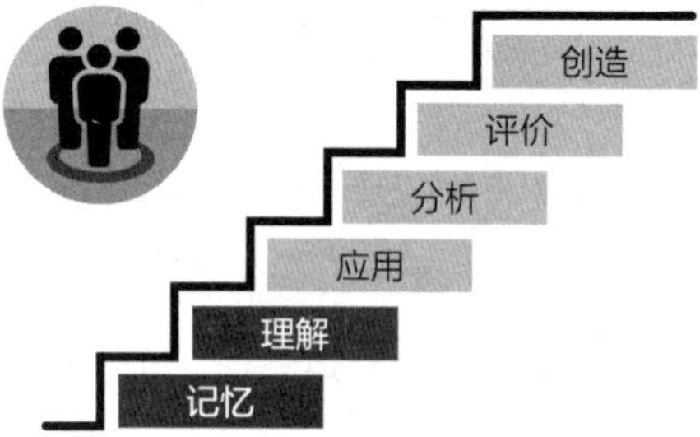

词汇对于学生，尤其是贫困学生来说非常重要，他们的一生都离不开词汇。正如讲解“词汇积累动作”策略时提到的，学生的词汇量会丰富他们的学习经验，拓宽知识广度。**“十大重点词汇”**策略帮助学生识别关键词汇，并通过将这些词汇与学习目标中的关键知识联系起来，来增加他们对这些词汇的理解。

课堂示例

在了解了人类对周围环境的影响之后，教师指导学生们阅读一篇关于回收过程的文章。学生们在文章中找出十个关键词，并将这些词记录在便利贴上。全班同学将所有词汇整理成一张图表，并讨论观察到的情形。

教学策略实施步骤

请使用以下5个步骤实施“十大重点词汇”策略。

1. 给每位学生发放十张便利贴。

2. 让学生们阅读或讨论新信息来源，如文章、网站、科学数据等。重点确保信息来源中包含大量与词汇积累相关的词汇供学生们选择。

3. 指导学生们阅读你选择的内容，并选出他们认为最重要的十个词语，将每个词语分别写在便利贴上。

4. 邀请一位学生说出一个所选的词语，并引导该生和所有选了同一词语的学生把便利贴粘在墙壁或地板上的指定区域。随着不断张贴新词，便利贴开始形成一个巨大的条形图，展示出学生选择同一个关键词的次数。

5. 组织全班同学讨论他们观察到的情形。讨论时，一并找出异常词汇，学生被某些词吸引而不是被其他词吸引的原因，以及学生可能需要更加熟悉的、没有更多展示（或根本没有展示）的关键词。通过讨论将所学内容与词汇联系起来。

其他形式

你可以使用策略4开展其他形式的教学活动。

- 使用Padlet或其他数字墙技术发布词汇，并利用数字帖子将常见答案分组。

- 学习更多术语后，学习小组可以回顾他们最初选择的词汇，并确定他们是否仍然认为这些是这节课的关键词。

其他科目的教学示例

以下展示了讲授其他科目时使用策略4的示例。

- 语言艺术教师指导学生们阅读一部著名戏剧的一部分，如《罗密欧与朱丽叶》，并找出十处莎士比亚的经典语录。
- 科学教师指导学生们阅读科学实验的数据分析摘要，并找出有助于理解实验结果的十个关键词。
- 数学教师指导学生们分析一道复杂、真实的数学题，并使用该策略找出题目中最需要理解的十个词语。
- 在制作社区宣传册前，社会研究教师指导学生阅读一本专业制作的纽约市的宣传册，以帮助他们在这类产品中找到可用于自己社区宣传册的关键词。
- 健康课教师指导学生们阅读一篇关于心血管系统的文章，并找出十个最重要的词语。

策略5

积累背景知识

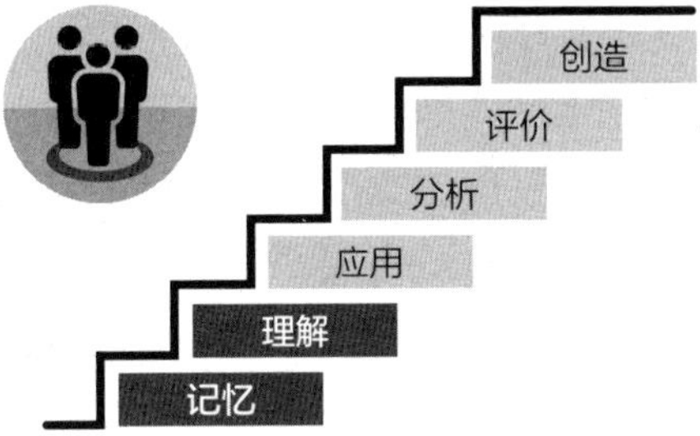

“积累背景知识”策略使得教师可以通过让学生做初步预测、阅读新课文、探索其他专业文章，然后再回顾他们最初的预测，从而激发学生的阅读兴趣。通过此策略，学生们可以创建思维导图，不断接收额外的信息而逐渐加深他们对知识的理解。一旦有了新的信息，学生们便可使用不同颜色的笔在思维导图上标记由此产生的新想法，从而显示学习进展。策略15“学前引导”和策略29“案例分析拼图”将在更高的思维层次进一步讨论这一教学策略。

课堂示例

开始讲解一个关于金钱的单元时，教师大声朗读谢尔·希尔弗斯坦的小诗《聪明》，学生们跟读并思考这首诗的意思。教师简要解释了金钱在生活中的重要性，学生们又探讨了更多关于金钱的信息。

教师将学生分组，各组学生用黑色记号笔在图纸上记录他们对这首诗的最初想法，并使用思维导图记录他们了解到的任何背景信息。然后，教师大声朗读关于不同类型的美国硬币的信息表。学生跟读并记下所有相关的新信息。随后各小组讨论他们所学到的知识，并用红色记号笔将其添加到思维导图中。接下来，教师给每个小组成员发一张卡片，上面有关于不同硬币的具体信息。学生们标出卡片上的新信息，然后与小组成员分享他们的新知识。学生们用紫色记号笔将这些新信息添加到他们的思维导图上。最后，教师将小诗再读一遍，各组用橙色记号笔记录新的理解。完成以上步骤后，邀请各小组分享他们的想法和根据思维导图得出的结论。

教学策略实施步骤

请使用以下12个步骤实施“积累背景知识”策略。

1. 选择一个话题和一些能够逐步增加学生相关知识的文字材料。这些文字材料应包含一个原创的、神秘的文本，以激发学生兴趣；外加一篇供所有学生阅读的详细阐述该话题的一般性文章；最后，选择一些供各组成员阅读的专业文章，以便使学生们更好地理解该话题。

2. 四到五个学生为一组。教师为每组提供四种不同颜色的记号笔（黑色、红色、橙色和紫色）及图纸。

3. 展示一个简短的神秘文本，也可以是照片、图表、地图或视频。主要目的是激发学生对这个话题的兴趣。

4. 指导学生们单独记录下他们对这个话题的最初想法。

5. 为学生提供必要的背景信息以理解神秘文本。例如，在本节的课堂示例中，教师设定课程目标：学习有关金钱的知识。

6. 以小组为单位，让学生分享初步想法，讨论在了解背景信息后，初步想法有哪些改变。然后，各组用黑色记号笔在图纸上创建一个含图形和文本的思维导图。

7. 为加深对话题的理解，选一篇一般性文章供所有学生阅读。要求学生在阅读时在新信息旁标注字母“N”，或用记号笔画出新信息。

8. 组织各组展开讨论，并用红色记号笔把他们观察到的重要的新信息添加至思维导图中。

9. 将专业文章分发给各组的每位成员。通常来说，理想情况下每篇专业文章分别代表该核心话题的不同观点，并激发学生对前面文本的思考。学生再次在专业文章中的新信息旁标注字母“N”，或用记号笔画出新信息。

10. 各组成员应分享他们从专业文章中学到的知识，并用紫色记号笔将所有重要的新信息添加到他们的思维导图中。

11. 和学生一起回顾最初的神秘文本，指导他们用橙色记号笔在思维导图上记下新的想法或见解。

12. 指导各组根据学习过程中各部分不同颜色的笔记分析他们的思维是如何演变的，并请各组分享他们的发现和结论。

其他形式

你可以使用策略5开展其他形式的教学活动。

- 除了纸质文字材料之外，还可以使用多媒体文件（视频、图片、音乐等）为学生提供各种资源。

- 让学生们使用文字处理器或Padlet等数字工具创建思维导图。
- 让学生们在教室里四处走动，阅览其他小组的思维导图，注意与自己组的思维导图的异同。

其他科目的教学示例

以下展示了讲授其他科目时使用策略5的示例。

- 在开始学习洛琳·汉斯伯里的《阳光下的葡萄干》之前，教师指导学生们朗读由兰斯顿·休斯创作的诗歌《哈莱姆》。一开始，教师告诉学生，他们将阅读一本关于对未来的梦想和希望的书。学生们分组记录他们关于这首诗和背景知识之间的联系的想法。然后，学生们鉴赏图书封面上的图片，并在思维导图中添加新的理解。最后，专家小组研究有关大萧条时期的各种图片。在小组成员分享学习成果后，他们会再次分析这首诗，并最终确定各自小组的思维导图。
- 科学教师指导学生们观察两幅与寓言故事《北风和太阳》（出自《伊索寓言》）有关的图片。一张画的是阳光照射在一个人的身上，另一张画的是大风猛烈地刮向一个人。教师说明这节课与天气有关之后，要求学生在小组的思维导图上记录他们对天气的看法。接下来，学生们阅读这则寓言，并补充他们对天气的看法。然后，每个专家小组分别观看一段关于太阳能或风能的视频。来自不同专家小组的成员通过将获取的知识添加到思维导图中的方式反馈给各自的小组。最后，各组再次分析最初的图片，完善思维导图，并与全班讨论他们的想法。
- 数学教师通过朗读李欧·李奥尼的《一寸虫》开启测量这一单元

的教学。教师告诉学生们，他们将在下一个单元学习测量，并将全班分组，指导他们创建一个关于这则故事中如何使用测量的思维导图。然后，学生们阅读一篇由教师布置的关于测量的专业文章。学生们继续记录想法，并与同学分享。接下来，学生组成专家小组，在教室周围测量各种形状的物体。学生回到各自的小组后，再听一遍故事，之后完成思维导图并分享他们的想法。

- 开始讲解有关民权运动的单元之前，社会研究教师指导学生们分析静坐和抗议的照片，之后学生以小组为单位使用思维导图初步推断事件发生的时间。接下来，学生们阅读马丁·路德·金的演讲稿《我有一个梦想》，以明确民权运动的主要思想，并证明他们之前的推论。最后，专家小组分析关于民权运动的纪录片《矢志不移：美国民权运动（1954—1985）》的一些片段，并向他们各自的小组做汇报，进一步完善思维导图。学生们在完成思维导图的同时，再次分析最初的静坐和抗议的照片。
- 美术教师指导学生们鉴赏四幅画。教师告诉学生，他们将学习平移、反射、旋转和对称，并就每个概念提供简单的例子。之后，各学习小组就绘画和课程主题展开讨论，并将想法记录在思维导图上。专家小组中的学生观看展示平移、反射、旋转和对称的真实图片，并将他们的新想法添加到思维导图中。然后，各个小组重新分析这四幅画作，并使用他们的新知识来记录艺术作品中运用数学概念的证据。

策略6

内容链接

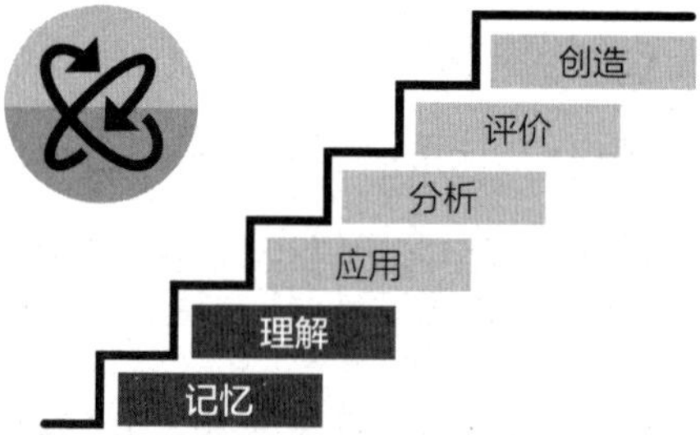

“内容链接”策略鼓励学生们比较关键术语、符号或图片，并确定它们之间的相似性或关联性。

课堂示例

教师给每位学生发一张照片，每张照片代表美国九个不同气候的地区中的一个。每两名学生结对，比较他们的照片，找出不同气候的地区之间的相似性和差异性。学生们在笔记本上记下他们的假设和每个地区的主要气候特征。讨论完成后，学生们再寻找其他同伴，重复上述过程。

教学策略实施步骤

请使用以下7个步骤实施“内容链接”策略。

1. 根据课程内容创建一个关键术语、符号或图片的列表。

2. 将每个关键术语、符号或图片写在不同的卡片上。

3. 给每个学生发一张卡片。多位学生可同时拥有写着相同术语、符号或图片的卡片。以本节的课堂示例为例，教师可制作3套气候卡片。如果一位学生遇到一个同学持有自己已经讨论过的卡片，则该生应继续寻找另一位伙伴。

4. 让学生们在教室里四处走动，寻找持有与自己卡片内容在某种程度上相关（但不相同）的卡片的同学。

5. 两人一组，让学生讨论各自卡片上的内容之间的关系。

6. 让学生们重复这个过程：找到另一位同学，确定各自卡片上的术语、符号或图片之间的关系。然后，示意他们停下来，但留在最后结对的组合中。

7. 让每对学生轮流分享他们的术语、符号或图片之间的联系。

其他形式

你可以使用策略6开展其他形式的教学。

- 给学生们一张空白卡片，让他们选择一个与课堂学习内容相关的术语或图形，而不是直接给学生提供已制作好的卡片。
- 在第7步之后，让最后分享的一组学生分享与全班同学所持卡片之间的联系。
- 为了形成关联，请学生们与全班分享最有趣、最困难、最简单的术语、符号或图片。

其他科目的教学示例

以下展示了讲授其他科目时使用策略6的示例。

- 语言艺术教师给每个学生提供全班最近读过的五本书中的一个人物的名字。学生们与持不同人物姓名的同学结对。每对学生尝试找出两个人物之间的联系。

- 科学教师给每个学生提供一张画有人体各个部位的卡片。学生们与持不同身体部位卡片的同学结对。然后，每对学生尝试找出两个身体部位之间的联系，比如两个身体部位是如何相互连接、相互支持的。

- 数学教师给学生们发放写有数学符号、术语和应用题的卡片。学生与拥有不同卡片的同学结对。然后，每对学生尝试找到两张卡片可以一起使用来解决问题的方法。

- 社会研究教师给学生们发放卡片，并指导他们在每张卡片上分别写下本单元的一个重要术语。学生们与选择不同术语的同学结对。每对学生讨论术语之间有何关系，并尝试找到这些术语与本单元之间的联系。

- 商学教师给学生们提供一些写有具体职场礼仪建议的卡片。学生们与持有不同卡片的同学结对。每对学生讨论各自卡片上的建议，并尝试找出这些建议与哪些职场礼仪有关。

思考与实践

思考题

请回顾本章内容并思考下列5个问题。

1. 本章中的哪些教学策略与你现有的教学实践相一致？如何适当改进这些教学实践，以便增强学生的理解思维能力？

2. 你可以在下个月使用哪两种培养理解思维能力的策略？

3. 本章中你最喜欢哪个基于运动的策略？这个策略是否适合你的学生？为什么？

4. 对于本章中你打算采用的策略，你能想出哪些改进方法？

5. 你能想到哪些方法对本章中的策略加以完善，使之更加适合你的特定课程？

实践题

请组织以下3项活动，将本章的概念应用到你的课堂教学中。

1. 选一个你想付诸实践的教学策略，并就授课内容制订教学计划。

2. 在使用了这一教学策略后，询问学生们是否喜欢这个策略，以及如何对其加以改进。

3. 观察另一位使用批判性思维策略来培养学生理解能力的教师。记下你的思考和想法，并思考如何将之应用到你自己的教学中。

第五章

分析层次教学策略的实施

IMPLEMENTING STRATEGIES FOR ANALYZE-LEVEL THINKING

> 没有一个问题禁得起持续思考的攻坚。
>
> ——伏尔泰

本章将重点介绍与布卢姆分类法（修订版）中分析层次相关的18种教学策略。每种教学策略都要求学生们运用分析层次的认知技能，即区别、组织或归因。其中一些策略也涉及记忆、理解或应用层次的认知技能。每种策略对应的图标表示该策略下的教学活动所涉及的分类法步骤（层次），以及激发课堂参与的主要手段（运动、合作或媒介素养）。

对每种策略的讲解包括以下内容：概念、目的、课堂示例、实施该策略的一系列步骤、使用该策略的其他形式，以及针对不同科目的教学示例。

策略7
概念习得

“概念习得”策略让学生们使用结构化的探究过程来确定一个群体或类别的特征。当学生们就一个概念将具有某种特征的例子与没有这些特征的例子（或具有不同特征的例子）进行比较时，他们会将给定组的例子与其他组的例子区分开来。表5.1显示了基于该策略的课堂示例。

表5.1　影片–主题线索

	概念A	概念B
线索一	《美女与野兽》	《荒岛余生》
线索二	《泰坦尼克号》	《大白鲨》
线索三	《暮光之城》	《火星救援》
共同主题	爱战胜一切	人与自然的对抗

学生们学会通过分类整理相关信息后，他们便能够建立联系，加深对概念的理解。此外，利用必须提取信息并识别相似性和差异性等

更为复杂的线索时，也要求学生们具备分析思维技能。学生们通常喜欢这种策略，因为它就像一种寻找关键概念的游戏。在一节课或一个单元的开始，这种策略在吸引学生的注意力方面非常有效且往往需要复杂的认知过程。

课堂示例

教师先给学生们提供一组线索：一幅《美女与野兽》的剧照（体现概念A）和一幅《荒岛余生》的剧照（体现概念B）。学生们以小组为单位判断两幅图的特征。然后教师用其他例子提供第二组线索：一幅《泰坦尼克号》的剧照（体现概念A）和一幅《大白鲨》的剧照（体现概念B）。然后，学生们尝试找出两个概念A的例子和两个概念B的例子之间的共同特征。最后，教师给出最后一组线索：一幅《暮光之城》的剧照（体现概念A）和一幅《火星救援》的剧照（体现概念B）。学生们最后确定他们对这些电影的主题的判断，然后教师问学生们："你们的猜测是什么？"

学生们认为A类电影的主题都是"爱战胜一切"，而B类电影的主题是"人与自然的对抗"。参见表5.1。

教学策略实施步骤

请使用以下9个步骤实施"概念习得"策略。

1. 选定你希望学生们理解或分析的核心概念。例如，在理解层次，学生可以识别生物和非生物之间的基本特质。为了促使学生们深入分析一个概念，可以选择一些更抽象的概念，比如"合作"等术语。

2. 确定所选概念的主要特征。

3. 准备一些正面（是）和反面（否）的例子来展示这些特征。例如，可以用文字、物品、图片或视频的形式进行展示。

4. 用这个概念举一个例子，以方便学生了解流程。

5. 将学生们分成小组，分别给出正反两个例子（前两条线索）。给每个小组大约3到5分钟的时间（根据话题的复杂程度）思考这两条线索之间的差异，并写下他们对这个概念的初步假设。

6. 给出第二组线索，再给学生3到5分钟的时间（同样，根据话题的复杂程度）完善他们的假设。

7. 最后，给出第三组线索。再给各组1到5分钟的时间进一步修正他们的假设。

8. 请各组分享他们找到的正面例子的共性，以及他们根据分析对这一未知概念的猜测。

9. 最后再组织一次讨论，揭示核心概念及其与所有线索的关系。对提出切题假设或准确猜出概念的小组提出表扬。解释核心概念为何是当天的教学重点。

其他形式

你可以使用策略7开展其他形式的教学。

- 对于年龄较小的学生（学龄前至三年级），你可以只使用一到两组例子，降低该策略的复杂程度。
- 一旦各学习小组弄清了这些类别，让他们提出自己的新线索，进而检验他们的假设是否正确。以前文的课堂示例为例，学生可能会推荐以“人与自然的对抗”或“爱战胜一切”为主题的另一本书或另一部电影。当学生们分享例子时，教师要澄清任何可能出现的误解，并根据需要提供更多的例子。

- 介绍完每组例子之后，请各小组分享正反两方面例子的特征，教师可在黑板上或教室展示板上进行记录。

- 可以先给出所有确定的例子，然后再给出一系列相对立的反面例子。例如，在表5.2中，第一列是节约水资源的例子，第二列是浪费水资源的例子。

- 为了给这个练习增加运动的环节，可以让学生们在教室里走动，寻找相关话题的线索。给学生们提供4到6条线索，其中，部分学生拿到相同的线索。先是学生们对课程主题各自做出推断。然后，每位学生找一位掌握不同线索的同学，两人相互分享推断。而后，每对学生对推断进行修改。最后，每对学生与另一对同学组成一组，相互分享他们的结论，并进一步完善他们对课程重点的想法。上述活动完成后，由这些小组与全班分享他们的想法。

表5.2　节约或浪费水资源的线索

	概念A	概念B
线索一	刷牙过程中关掉水龙头	淋浴超过五分钟
线索二	修理漏水的管道	只用洗衣机洗两件衬衫
线索三	用一桶水洗车	洗碗时不停地放水
共同主题	节约水资源	浪费水资源

其他科目的教学示例

以下展示了讲授其他科目时使用策略7的示例。

- 语言艺术教师先给学生们展示名词例子，再展示反例或其他词性的词汇。学生们使用该策略将所有词汇分类，并判断所有词汇之间的关系。

- 生物学教师指导学生们观察细胞的特征。教师分别展示代表动物细胞特征和植物细胞特征的线索。通过线索的呈现，学生必须对线索进行比较，找出这些特征，得出结论。

- 数学教师向学生们展示一些规则的几何形状和一些不规则的多边形。学生们需要正确地将这些图形分类并解释原因。

- 社会研究教师指导学生们分析三组引文。每组中的第一段引文含有“民主制”相关的内容，第二段引文含有“君主制”相关的内容。学生们必须集思广益，找出每组引文的共同点，并将所有引文分类。

- 为了导入音乐史这一单元，音乐教师会让学生们先欣赏文艺复兴时期的一段音乐，然后再听浪漫主义时期的一段音乐。学生们须分析第一段和第二段音乐的区别。然后，教师再分别播放一段这两个时期的音乐，帮助学生们进行深入分析。

策略8
隐 喻

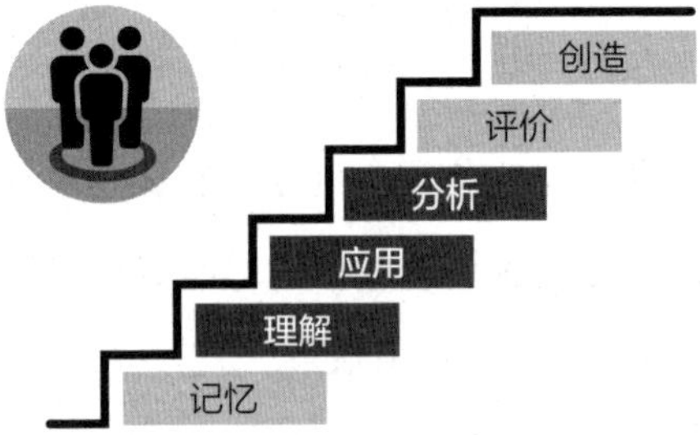

“隐喻”指将具有相似性的不同事物进行比较。当学生们在两个一开始看起来不一样但有共同点的东西之间进行比较时，该策略有助于加深学生们对知识的理解，并激发创造力。通常情况下，学生们可以将新知识与已有知识相联系，与新知识建立个人联系，从而使课程个性化。使用如表5.3所示的整理表可以帮助他们组织想法。

表5.3　隐喻整理表

美国宪法是一个手动订书机。	
相似性	**描述**
局限性	订书机的功能有限。美国宪法的作用是有限的，就像订书机的功能有限（只可装订材料）一样。订书机不能打孔，也不能把东西粘在一起。
共和主义	通常在课堂上，由一位学生或教师为全班同学装订课程资料以加快进度。同样，在美国，公民投票选出政府工作人员担任他们的代表。

（续表）

相似性	描述
三权分立	手动订书机的几个部件共同工作。订书机的金属底座决定了它的结构。这个底座有如司法部门，因为法官们是在这个基础上解释法律——美国宪法。在订书机内部，有一个弹簧推动订书钉向前移动。这个弹簧代表了行政部门，因为总统负责在全国范围内执行法律。还有操作订书机的人。操作者则表示由535个州代表组成的美国国会，负责制定法律。
相互制衡	要想用订书机装订材料，所有部件必须正常工作。操作人员按压时必须使出足够的力量将订书钉弹出，但又不能用力过猛而压碎订书钉。订书机内部的弹簧需要足够的张力来推动下一个订书钉往前移。同样地，美国宪法规定了一些制衡机制，以确保所有分支机构有效运作。例如，最高法院的法官可以宣布某项法律违宪，总统可以否决国会制定的法律。

在布卢姆分类法的理解层次，学生们可以对关键词汇进行隐喻。在分析层次，学生们精心设计隐喻，用多种相似事物代表更大的信息体。学生们可以创造代表书中某个角色的隐喻，展示几点相似之处。例如，学生可以选择《杀死一只知更鸟》中的阿瑟·拉德利，并将他比作怪物。

课堂示例

在学习了美国宪法之后，教师指导学生们至少在四个方面就宪法中包含的关键思想提出隐喻。学生们分组列出美国宪法中的关键思想，然后集思广益想出可能的隐喻。有一组同学决定将美国宪法比作手动订书机。该小组用整理图列出了两者的几个相似之处，并对这些相似之处进行了解释。详见表5.3。

教学策略实施步骤

请使用以下5个步骤实施“隐喻”策略。

1. 确定隐喻的主题，或提供一份概念列表供学生选择，以进行比较。通常情况下，学生必须考虑的信息量越大，思维层次就越高。

2. 把全班同学分成两到三个人数相等的小组。

3. 指导各小组就可能的隐喻集思广益，并提出最佳想法。或者，你可以为学生提供一些可用来比较的选项（例如该策略课堂示例中的订书机隐喻）。鼓励学生创新，提出奇特的想法，以挑战他们的思维。

4. 让各小组在整理图中记下相似性和对应的描述（见表5.3）。

5. 让学生们在原小组的基础上组成新小组，并向新小组成员分享原小组的隐喻。可以让原小组的成员报数，报相同数字的同学组成一个新的小组。

其他形式

你可以使用策略8开展其他形式的教学。

- 如果教学对象是低龄学生（学龄前至二年级），可以让他们画画来展示隐喻，并说明相似性。

- 为每个小组（或整个班级）准备一个材料包，内含4到5个学生所学内容的隐喻物品。例如，你可以在一个袋子里随机选择以下物品供学生们选择来创造隐喻：胶带、锤子、香蕉、羽毛和灯泡。让学生们分析这些物品，尝试得出结论或总结每个物品和所学内容之间的联系。

其他科目的教学示例

以下展示了讲授其他科目时使用策略8的示例。

- 读完一本书后，语言艺术教师让学生们在教室里四处走动，看一下各种物品（比如一瓶花、洋葱、一块砖、文件夹或一杯软饮料）。在看完这些物品后，教师让学生们找出他们认为可以代表本书主旨的物品，并列出其和该主旨之间的相似之处。
- 科学教师指导学生们思考出可以表示元素周期表中指定元素的隐喻。
- 数学教师指导学生们学习运算顺序，并找出运算顺序这一计算过程和日常生活中的另一个循序渐进的过程之间的相似性。
- 社会研究教师指导学生们选择一则广告来代表历史上一位著名的领袖，并解释两者的相似之处。
- 体育教师指导学生们创造关于羽毛球的隐喻。例如，学生可以将羽毛球和一种特定的食物进行比较，并解释这样比较的原因。

策略9

媒体隐喻

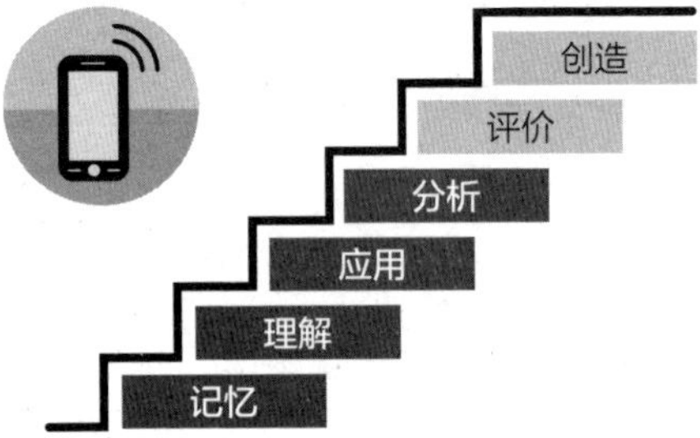

通过对上一策略的学习，你了解了使用隐喻的好处，即通过将隐喻与学生们的已有知识联系起来，可以让不熟悉的概念变得更有意义。你可以再进一步，使用“**媒体隐喻**”将媒体融入到教学策略中，将隐喻与学生们的兴趣联系起来。例如，学生们可以将书中主角的行为与电影或广告中最喜欢的场景进行比较。相关示例参见表5.4。

通过媒体使用隐喻的其他做法包括：让学生们寻找与回收、分配律和逗号等概念相似的多媒体资源。选择代表抽象概念的媒体文件促使学生们深入理解一个主题，并考虑多种选项，来确定哪一个选项是这个主题的最佳代表，或者用来锻炼他们的批判性思维技能。

课堂示例

语言艺术课上，学生们读完莎士比亚的《罗密欧与朱丽叶》后，就朱丽叶与罗密欧的关系展开了课堂讨论。教师让学生们三人一组，找出能代表这段关系的一首歌、一段广告或一个电影片段。学生们将歌词、广告语或电影片段中的台词与剧本中的证据联系起来，以支持他们的观点。详见表5.4。

表5.4 音乐隐喻

歌词	联系
"因为我的全部，爱上你的一切……你是我人生之旅的终点，亦是起点。" ——约翰·传奇，《我的一切》（*All of Me*）	《我的一切》这首歌完美地诠释了罗密欧与朱丽叶之间的爱情故事。朱丽叶形容她的爱是"无边无际的"和"无限的"："我的爱是深沉的；我给你的越多，我拥有的越多，因为两者都是无限的"。在约翰·传奇的歌曲中也描绘了类似的爱情，在这首歌中，叙述者描述了将自己所拥有的一切献给爱人的行为。同样，这种爱是无边无际的。
"我能与你的女儿共度余生吗……朋友，算你运气不好，我是不会同意的！" ——雷鬼乐队，《粗鲁》（*Rude*）	雷鬼乐队的歌曲《粗鲁》是罗密欧与朱丽叶之间禁忌之爱的最佳诠释。朱丽叶说她"唯一的爱来自唯一的恨"，而罗密欧是她"可憎的仇人"。这与《粗鲁》相似：叙述者请求岳父的祝福，而岳父却反对他们的婚事。两则故事中，相爱的人都不被允许在一起，然而尽管没有得到父母的允许，他们依旧彼此相爱。

（续表）

歌词	联系
“假如我们重新书写命运的星轨……你是我寻找的唯一。” ——扎克·埃夫隆，《改写命运》（*Rewrite The Stars*）	《改写命运》这首歌与罗密欧与朱丽叶命中注定的爱情十分相似。在戏剧的开始，开场诗部分将这对情侣描述为“命运多舛的恋人”，暗示他们的爱是命中注定的。埃夫隆歌曲和戏剧开场诗中的两位叙述者都坚信命运对生活和爱情产生影响。

教学策略实施步骤

请使用以下3个步骤实施“媒体隐喻”策略。

1. 选择一个主题，以此作为实施该教学策略的基础。

2. 确定与所定主题有松散联系的歌曲、广告、电影片段或社交媒体帖子，或允许学生们选择类似课堂示例中的多媒体资源来进行比较。

3. 请各小组与全班同学分享相关联系。

其他形式

你可以使用策略9开展其他形式的教学。

- 新学年伊始，使用该策略作为了解学生的方式。让学生们把自己作为隐喻的一部分。例如，让学生们选择一首最能代表自己的歌。这项任务鼓励学生们在进行批判性思考的同时勇于表达自己。
- 请学生们为歌曲的某些部分加入舞蹈动作，以代表小说中的人物或著名历史人物的情感。
- 为了理清思路，让学生们使用如表5.4所示的整理图。

其他科目的教学示例

以下展示了讲授其他科目时使用策略9的示例。

- 语言艺术教师告诉学生们，许多歌曲通常由不同的部分构成一张故事情节图。教师指导学生们选一首歌，说明（通过引用歌词）这首歌是如何表现故事情节图中所有元素的。在扩展学习中，教师让各组为整篇课文中最重要的情节节点配乐。
- 解释了世界上有多种不同的生态系统后，科学教师指导学生们选出一首歌，并解释这首歌如何代表一个特定的生态系统。
- 学完结合律和分配律后，数学教师指导学生们寻找与这些定律相关的媒体资源。
- 讲解地理条件如何塑造人们的生活方式时，社会研究教师指导学生们选出两个电影片段来展示对这一概念的理解。
- 学完关于预算的知识后，经济学教师指导学生们选择一首可以与高明的预算实践联系起来的歌曲。

策略10

引用与代码

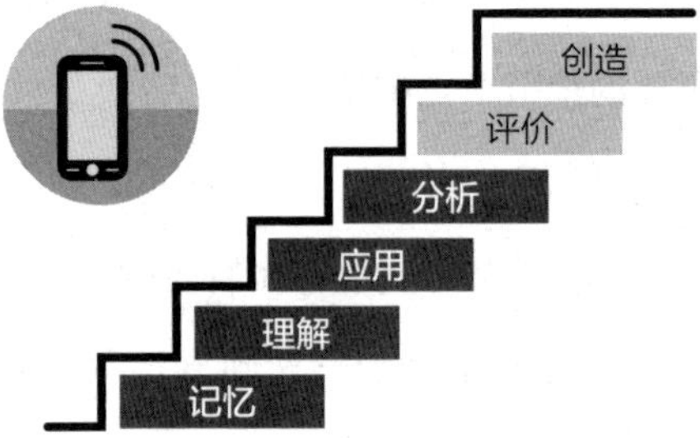

与“媒体隐喻”教学策略类似，**“引用与代码”**是让学生们引用教师挑选的歌曲，与一个概念（其代码）建立联系，然后描述其含义或解释（展示批判性思维）。这个策略的独特之处在于，它激励学生们在一个多媒体资源中寻找多个概念，同时对信息进行分类。例如，学生们可以列出比喻性语言或因果关系的例子。如表5.5所示的整理表是实现此目的的理想工具。

课堂示例

教师指导学生们从歌曲《岩石之巅》（*Rock Top*）的歌词中找出地理主题。学生们使用整理图（见表5.5）解释他们的想法，通过分析歌词来识别（代码）并解释其与地理相关的主题。

表5.5　“引用与代码”整理表示例

重点：分析地理主题

歌曲名称：《岩石之巅》

词作者：菲利斯 · 布赖恩特、布德罗 · 布赖恩特

引用	代码	意义或说明
“古老的岩石之巅”	地点	该短语代表某地点，因为山是地域的物理特征。
“月光酒蒸馏器”	地点	月光酒蒸馏器代表地点，是阿巴拉契亚地区的文化特征。
“曾经有两个素不相识的人爬上了古老的岩石之巅”	人与环境的互动	登山同人与环境的互动这一主题相关，因为人们留下足迹的同时也改变了环境。

教学策略实施步骤

请使用以下5个步骤实施“引用与代码”策略。

1. 选择一首学生们可以就某个重点知识进行分析的歌曲。

2. 告知学生们听歌曲的目的。

3. 为学生们提供一个空白的“引用与代码”整理表（如表5.5中的示例）。说明使用方法：在第一列中填入引用的歌词；将信息分类，并在第二列注明类别；最后，解释引用的歌词和各类信息之间的联系。

4. 播放歌曲，并向学生们提供打印版歌词作为参考（或提供小组学习时可以重播的媒体资源）。

5. 两人一组或多人一组进行讨论，让学生们分享他们的想法。

其他形式

你可以使用策略10开展其他形式的教学。

- 让学生们在纸上或移动设备上记录他们的想法，并与全班同学分享。
- 在卡片上分别写下歌词和各类代码，将其装入信封并发放给各学习小组。指导学生们将歌词和代码匹配起来，并要求他们给出解释。

其他科目的教学示例

以下展示了讲授其他科目时使用策略10的示例。

- 语言艺术教师让学生们听一段电影片段，并找出其中与他们读过的小说或课文中关键人物相关的对话。
- 科学教师播放歌曲《火箭人》（*Rocket Man*），并指导学生们明确太空旅行的主要影响。
- 数学教师指导学生们听一首歌，然后选出一些词汇或短语，将它们与三个几何图形联系起来。学生们须验证他们的推理。
- 社会研究教师指导学生们听歌曲《滑旱冰》（*Roller Skate*），并通过认识技术如何改变文化来完成"引用与代码"策略。
- 美术教师指导学生们选择几条社交媒体帖子，并将每个帖子与不同的艺术时期联系起来。学生须说明所选帖子与艺术时期的关系。

策略11
视觉思维

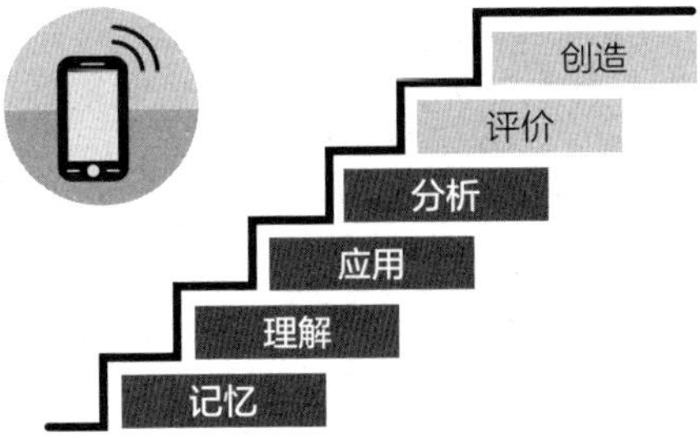

“视觉思维”以讨论图像为中心，在学生们倾听和自我表达时，利用艺术来教授视觉素养、思维方法和交流方式。重复使用这种批判性思维策略可以帮助学生们内化所学知识，使得学生们能够对新知识以复杂且细致的方式进行联想和理解，有利于他们更加深入地学习。由于该策略可以激发学生们进行多层次的思考，因此能够让学生高度参与课堂活动，并提出高水平的问题。若你想开启一堂课，或尝试给新知识建立联系，这不失为吸引学生注意力的好方法。

课堂示例

教学内容为殖民地政府管理的政治课上，教师向学生们展示了一幅政治漫画，并要求他们在赏析漫画时回答一些问题。学生们运用漫画中的证据，将他们所学到的有关殖民地政府的知识和该漫画的目的联系起来。

教学策略实施步骤

请使用以下4个步骤实施“视觉思维”策略。

1. 让学生们分析与他们所学知识有关的一件艺术品、一张地图、一幅漫画、一条时间轴或一张照片。

2. 以提问的方式讨论学生们的观察所得，如“在这张照片中发生了什么事”“你看到了什么让你这么说”“你还能找到什么”等。第一个问题无固定答案，旨在激发讨论，但也鼓励准确的理解。后续问题可以着重考查学生们的推理和证明能力。学生们在照片中找出与他们的观察结果相关的细节。

3. 倾听并思考每个学生提出的不同观点，然后将学生们分成小组以便进一步开展讨论。鼓励学生们给出尽可能多的解读。可提出以下问题，帮助他们进行更为深入的探究。

- 你们能得出什么结论？有什么证据支持这个结论？
- 你们如何看待＿＿＿＿＿＿＿？
- 哪一部分最有趣？
- ＿＿＿＿＿＿有何目的？
- 请对比以下两个部分：＿＿＿＿＿＿。
- 你们有什么问题吗？

4. 让学生们在小组讨论中分享答案。要求他们给出尽可能多的解读。

其他形式

你可以使用策略11开展其他形式的教学。

● 采用该策略来解决现实中的数学问题，或者分析一则引文或一段话。

● 对于年龄较小的学生（学龄前至五年级），在第二步提出问题时，你可以更具体一些，例如，你可以问："你们在这张图中看到了什么？"然后，学生们可以用图中的相关内容来证明他们的想法。

● 完成该策略的所有教学步骤后，给学生们布置一个相关的写作任务，例如写一篇文章，来对比关于一幅描绘美国西进运动的地图的不同视角。

其他科目的教学示例

以下展示了讲授其他科目时使用策略11的示例。

● 语言艺术教师从将要阅读的小说中选出一些引文，连同挑选的图片一起发给学生们。学生们选择一条引文，并将其与图片进行匹配。这一过程中，学生们对引文的上下文和将要阅读的小说做出预测。

● 科学教师指导学生们研究与他们正在学习的主题相关的重大科学发现的时间表。教师问学生们："对于参与这些发现的人们来说，转折点是什么？"教师接着问学生们："最重要的发现是什么？"随后，让学生们就其中两项重大发现以及它们对社会的影响进行比较。

● 数学教师让学生们分析一条包含300年间世界人口数据的时间线。基于对数据的数学分析，学生们就观察结果、最有趣的发现、存在的问题以及支持可行性解决方案的证明材料展开讨论。

● 社会研究教师指导学生们研究一幅名为《威廉·佩恩的登陆》的画作。教师提一些与画作相关的问题让学生们回答，比如，这幅画的目的是什么？它准确地反映了历史吗？

- 人文学科教师指导学生们分析同一历史时期的画作和音乐，鼓励学生们讨论该特定历史时期的主要特点。然后，学生们根据分析所得的结论画出一幅他们认为能代表那个时期的画作。

策略12

概念图

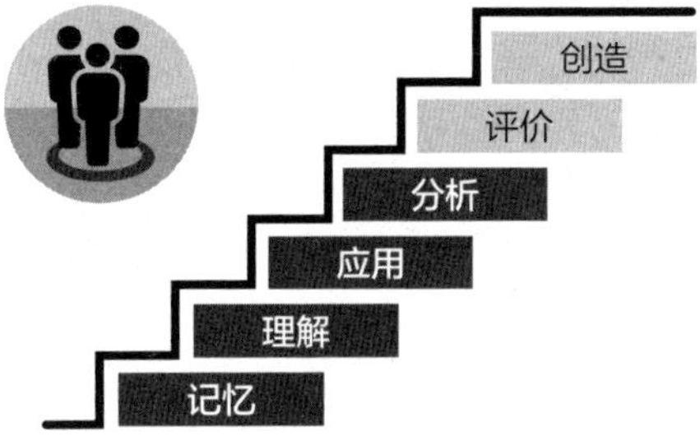

“概念图”帮助学生们组织通过阅读等方式获得的信息。一般来说，概念图呈如图5.1所示的树形结构。研究表明，概念图有助于记住知识和确保元认知的准确性。该策略能使学生们学会识别重要信息。

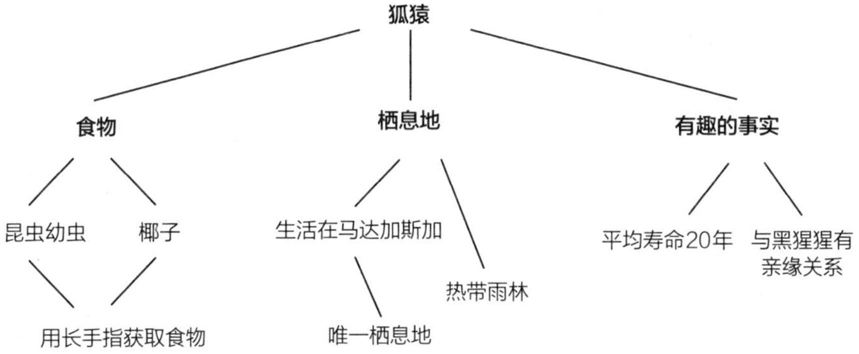

图5.1　概念图样例

通常情况下，教师会使用整理图来帮助学生们理解新知识，但如果学生们能够选择最能代表所学知识的概念图类型，并自行画图，他们便可以做进一步的深入思考。在更为复杂的阅读任务中，学生们可以创建图表来描述概念和想法之间的相互关系。不同类型的概念图可以描述不同的信息组织方法，如层级法或因果关系法等。你可以使用Lucidchart或者MindMeister等数字工具创建概念图，激励学生们尽可能多地建立知识之间的联系。

课堂示例

教师给四人或五人一组的小学生提供一些描写狐猿等有趣的动物的说明文。每个小组都创建一个如图5.1所示的概念图来描述动物，并与全班同学分享。然后，使用每个小组的概念图创建一个更大的概念图，将所有的观点和想法加以汇总。

教学策略实施步骤

请使用以下5个步骤实施“概念图”策略。

1. 选择一种绘画工具，如纸、白板或数字工具，供学生们使用。有几种数字工具可以用于支持学生们的创作，例如Smart Art绘图工具以及微软上的其他绘图工具、Bubbl.us和Lucidchart。使用数字工具便于学生们进行编辑和分享。

2. 指导学生们确定话题或主题的中心思想，并给他们5分钟的时间集思广益，提炼主要概念。

3. 确定了一个主要概念后，让学生们选择与主要概念相关的概念。相关概念应该支撑中心思想。根据其年龄和概念的复杂程度，学生们应该找出10到25个相关概念。他们可能需要对主要概念进行研究，以便收集重要信息。

4. 然后，学生们应合理安排这些相关话题。例如，他们可以选用层级法，自上而下排列总体观点和具体观点，可以用形状和线条将相似的相关概念分类，也可以用更长的文本篇幅、不同的颜色或形状描述不同概念和观点间的关系。

5. 给学生们5分钟的时间来完善他们的概念图。学生们应该检查各种联系，看看是否准确地表达了内容或想法。

其他形式

你可以使用策略12开展其他形式的教学。

- 允许低年级学生（学龄前至二年级）使用图像代替文本，表示概念图上的主要概念和相关想法。
- 为了鼓励合作，可以让学生们与一个或多个同学交换概念图，以获得反馈，并留出大约5分钟的时间让他们根据收到的反馈完善概念图。或者，让学生们以小组项目的形式制作概念图，并让每个小组在课堂讨论中展示他们的作品。

其他科目的教学示例

以下展示了讲授其他科目时使用策略12的示例。

- 语言艺术教师为学生们提供了一篇关于美国当前饮食习惯的说明文。学生们创建概念图，明确主要观点和支撑性细节信息。
- 做完一项关于物质变化的研究后，科学教师让学生们两人一组创建概念图，展示物质变化的不同类型，以及与物质变化相关的知识。

- 数学教师要求学生们在开始学习关于形状的单元之前绘制概念图，来预估他们对形状的认识。

- 在独立战争这一单元的教学中，社会研究教师指导学生们绘制概念图，描述殖民地居民不断变化的信仰，这些信仰致使他们发表《独立宣言》并对英开战。

- 在音乐史这一单元开讲时，为了了解学生们的既有知识，音乐教师演奏一段精选的著名乐曲。学生们以小组为单位，积极讨论，各抒己见，思考如何描述和阐释此类音乐作品（如乐器、节奏和力度变化，以及作曲家的意图、可能的故事情节、在音乐史中的地位等），并创建一张概念图。

策略13

思维导图

与概念图一样，**“思维导图”**对概念进行视觉化表征。不同的是，概念图可以包含多个主要概念，而在思维导图中，唯一一个主要概念位居中心，具体的例子或相关概念则向外辐射（见图5.2）。学生们可以

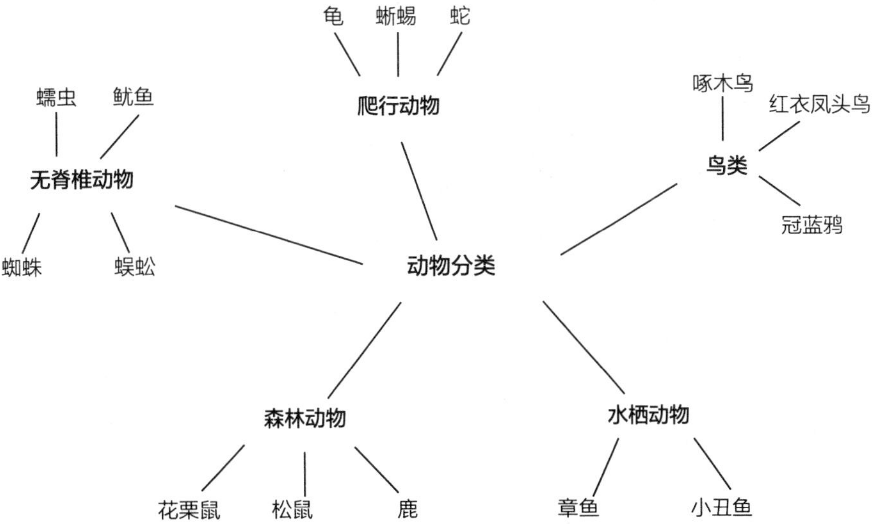

图5.2　思维导图样例

使用文字、符号或图像来描述每个概念，进而在图中添加分支来进一步阐述这些概念。思维导图有助于针对学生们对知识的理解开展形象化的形成性评估，因为它挑战学生们在不同的信息之间建立联系。与传统的线性图和学习笔记相比，这有助于学生们更好地学习概念。

课堂示例

科学课上，学生们开始分析动物之间的差异。为了巩固所学内容，学生们先将“动物分类”写在图纸的中间位置。复习了教师提供的写在卡片上的其他15个术语后，各学习小组讨论如何将这些术语放入思维导图中，以准确描述术语之间的关系，并将它们合理分类。参见图5.7。

教学策略实施步骤

请使用以下5个步骤实施“思维导图”策略。

1. 就学生们将要探索的课程主题确定一个主要概念，将这一概念写在一页纸或一张大图纸的中心位置。

2. 指导学生们分组讨论，从主要概念出发，使用词汇、短语或图片设计分支。可以在每个分支的基础上再使用小的分支来进一步定义这个概念。

3. 学生们可以通过添加颜色和改变文字大小来突出要点，强调信息之间的联系，并阐明术语之间的关系。例如，可以用蓝色箭头表示术语之间的正相关关系，用红色箭头表示负相关关系。

4. 然后，学生们应该向其他小组展示并讲解他们的思维导图。

5. 最后，以问答方式讨论如下问题：“其他组的讲解如何帮助你更深入地理解该主题？”“你认为应该添加或删除哪些术语？为什么？”

其他形式

你可以使用策略13开展其他形式的教学。

- 为了帮助低年级学生（学龄前至二年级）展示术语之间的关系，创建一套标有主要概念和相关概念的索引卡。在一个平面上（如图纸、地板、大桌子等）展示这些卡片。教师将学生们分成两到四人的小组，让他们排列所有的相关概念，用箭头卡指明针对某概念所做的进一步解释。让学生们证明他们的思维导图是如何准确地向全班描述信息的。
- 除了使用索引卡，你也可以把单词打印出来，剪成条状，或者使用Padlet、Lino或者Coggle等工具制作一面数字墙。
- 让学生在他们的思维导图中添加图片，并使用不同颜色和字号进一步明确术语之间的关系。例如，可使用红色箭头代表术语之间的正相关关系，用黑色箭头代表负相关关系。
- 让学生们检查其他组的思维导图，并使用便利贴记录问题，供其他组的同学们参考。

其他科目的教学示例

以下展示了讲授其他科目时使用策略13的示例。

- 理解了不同类型的文章结构后，语言艺术教师为学生们提供各种相关的文章，指导他们设计关于文章结构的思维导图，并使用分支详述他们对文章结构的理解。

- 科学教师指导学生们分析不同的天体（恒星、行星、月亮、彗星等），并准备了15张写有相关术语的卡片。为了巩固所学内容，学生们将“分类”一词写在图纸的中间位置。收到教师提供的卡片后，学生们复习卡片上的15个术语，并分组讨论如何将这些词放在思维导图中，以准确地描述这些术语和中心词之间的关系。

- 数学教师给学生们提供各种证明和理论。教师指导学生们设计思维导图，将这些证明和理论分类，并确定它们之间的关系，来表明他们对这些知识的理解。

- 社会研究教师发给学生们列有某单元中的15个主要经济学术语的卡片，并指导他们将这些卡片组成一张思维导图，来表明他们对所学知识的理解。

- 职业生涯与技术教育教师指导学生们设计思维导图，展示为大学或职业生涯做好准备所必需的技能。

策略14

欣赏、思考和提问

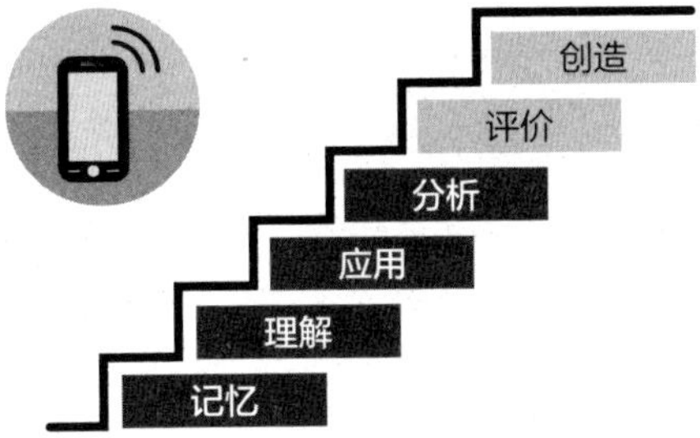

“欣赏、思考和提问”是一种鼓励学生深入分析歌词的教学策略。在学生们听完一首歌并记录下最初想法后，教师将听歌的目的告诉他们。听第二遍时，学生们会细听歌词以达到这个目的。通过分析音乐和歌词，学生们可以了解相关主题、人物特征、象征意义、推理结论等。运用与课程内容相关的歌曲可以帮助学生们同你的教学建立联系，促进对知识的学习，这是单纯的内容讲授所无法实现的，同时还关照了许多学生对音乐的个人兴趣。使用该策略时，可以让学生们使用如表5.6所示的整理表。

表5.6 “欣赏、思考和提问”策略整理表

学习目标：学会分析歌曲中讲述者的讲述方式及其原因		
我听到……	**这使我思考……**	**现在，我想知道……**
风往何处吹，对我来说已无关紧要。	讲述者看似无忧无虑，认为什么都不重要，但是他却与现实脱节。	为什么他认为什么都不重要？他为什么无法逃离现实？
我读到……	**我认为……**	**因此，现在我明白……**
妈妈，生活才刚刚开始啊，但是现在我却把它完全毁掉了。	讲述者做了可怕的事（谋杀），这一决定将使他付出生命的代价。	讲述者自怨自艾，因为他犯了谋杀罪。他认为这个可怕的决定毁了他的一生，现在已经没有活下去的理由了。

课堂示例

学生们一边听《波西米亚狂想曲》，一边阅读手中的歌词，并根据他们的所听、所思和所想填写整理表的第一行（参见表5.6）。学生们两人一组或多人一组，在整理表的第二行填入从歌词中读到的内容、引发的思考和最后的理解。然后，学生们以小组为单位分享整理表内容，开始关于这首歌的小组讨论。

教学策略实施步骤

请使用以下4个步骤实施“欣赏、思考和提问”策略。

1. 选择一首与当前课程相关的歌曲，指导学生们听完整首歌，并完成“欣赏、思考和提问”策略整理表的第一行（参见表5.6）。让学生们记录他们听到的歌词，以及这些歌词带给他们的思考和疑问。

2. 让学生们结对分享所记录的内容。

3. 让学生们带着特定目的再听一遍这首歌，比如主要听歌曲的主题和思想等。

4. 学生们可以阅读歌词，并思考这首歌与课程学习目标之间的联系，在“我读到”这一栏记下与学习目标相关的歌词，并在“我认为”这一栏解释这些歌词与学习目标的关系。最后，在“因此，现在我明白”这一栏就歌曲的主要观点或主题以及它与学习目标的关系给出结论。

其他形式

你可以使用策略14开展其他形式的教学。

- 除了音乐，还可以使用视频。例如，可以让学生们分析对一位作者、立法者或企业领导人的采访视频，还可以让他们分析电影中的一个场景，来判断文学作品或历史事件的主题。
- 用图像代替音乐。用“我看到”代替整理表中的“我听到”这一栏。分析完图片后，让学生们阅读更多关于主题的信息，并在第二行记录图片和阅读材料的关系。

其他科目的教学示例

以下展示了讲授其他科目时使用策略14的示例。

- 在莎士比亚的《罗密欧与朱丽叶》这一教学单元中，语言艺术教师为学生们提供了泰勒·斯威夫特的《爱情故事》（*Love Story*）的歌词，并为他们播放这首歌。学生们根据他们的所听、所思和所想填写整理表的第一行。学生们两人一组或多人一组，在整理表的第二行填入从歌词中读到的内容、引发的思考和最后的理解（参见表5.6）。然后，学生们以小组为单位分享整理表内容，开始关于这首歌的小组讨论，将其和《罗密欧与朱丽叶》联系起来。

- 学习关于静电的单元时，教师让学生们听内维尔·利文斯顿创作的《电子布吉舞》（*Electric Boogie*），并使用“欣赏、思考和提问”策略整理表将歌词与静电的真实产生过程和静电的特征做比较。

- 在学习关于求解方程变量的单元时，教师让学生们听《丘比特洗牌》（*Cupid Shuffle*），并使用“欣赏、思考和提问”策略整理表确定其歌词与解题过程间的关系。

- 学习关于大萧条时期的单元时，教师让学生们听歌曲《电力大街》（*Electric Avenue*），并使用“欣赏、思考和提问”策略整理表判断其歌词如何反映美国历史上这一时期的具体情况。

- 学习关于20世纪初或20世纪20年代美国南方音乐的单元时，教师让学生们听《无家可归的布鲁斯》（*Homeless Blues*），并使用“欣赏、思考和提问”策略整理表判断当时的历史因素如何在歌词中得以体现。

策略15
学前引导

你可以使用**“学前引导”**策略来激发学生们对某一阅读主题的好奇心，同时激活他们的已有知识。经证实，挖掘学生们的已有知识可以帮助他们习得新知。在阅读前使用该教学策略，让学生们判断陈述的正误，待完成阅读后，再检查答案并根据需要做出修改。无论是否更改答案，学生们都需要从阅读材料中找出并记下支持他们判断的内容。可以使用学前引导表来实施这一教学策略（见表5.7）。因为学生们需要在阅读前判断正误，这就会促使他们启用已有知识，激发他们的兴趣，带着目的去阅读。

表5.7　学前引导示例表

对/错		陈述	依据
阅读前	阅读后		
错	对	1.最重要的修正案最先列出。	虽然所有的修正案在不同的方面均十分重要，但第一条修正案保护公民的信教自由、言论自由、新闻出版自由、和平集会和向政府请愿的权利，这些都是个人自由的基石。
对	对	2.大多数修正案赋予个人以权利。	第一条至第九条修正案概述了人民的基本自由。第十三至第十五条修正案废除了奴隶制，确立了正当程序，扩大了投票权。第二十四条修正案明确规定不得因为人头税问题而限制公民投票权。第十九和第二十六条修正案赋保障妇女和年满十八岁公民的投票权。
对	错	3.许多修正案可以删除，因为它们在今天已经不适宜了。	虽然美国宪法已经有二百多年的历史，但实际上只有三条修正案似乎过时了。第三条修正案涉及士兵驻扎问题，而自美国建国以来从未出现该问题。第十八和第二十一条修正案分别确立和废除了禁酒令。其他修正案则是重大历史变革的关键标志，也是对变革过程的澄清。

课堂示例

教师为学生们提供与美国宪法修正案阅读材料相关的学前引导表（见表5.7）。学生们阅读教师提供的三条关于宪法修正案的陈述，并在“阅读前”一栏标出对或错。读完阅读材料后，学生们重读这些陈述，并在“阅读后”一栏注明他们现在的判断。此外，学生们在最后一栏记下材料中的支撑信息。让学生们以小组为单位讨论他们的判断和依据，给他们留出时间添加其他证明信息或修改判断。在小组讨论中，学生们通过举红牌（错）或绿牌（对）来表明对每个陈述的立场，并分享判断依据。

教学策略实施步骤

请使用以下8个步骤实施“学前引导”策略。

1. 为学生们选择一篇阅读材料，并根据材料中的信息制作一个列有几条陈述的学前引导表，其中应当包括至少一个正确陈述和一个错误陈述。从更高认知层次上说，陈述不得直接摘自阅读材料，而应是根据文本得出的推论或是关于误解的陈述。无论如何，每个陈述应是看起来合理的，这样才能激发学生们更高认知层次上的思考。此外，那些不一定有正确答案并满足上述条件的陈述还可以促使学生们进行探讨和辩论。

2. 阅读前，让学生们单独思考或以小组为单位讨论这些陈述，并要求他们对每一个陈述标记正误。

3. 让学生们阅读指定的文本。

4. 完成阅读后，让学生们回顾每个陈述，再次判断其正误，并标记在“阅读后”一栏中。学生须在最后一栏记下从文本中摘录的支撑信息。

5. 让学生们用5到10分钟以小组为单位讨论他们的判断和依据。

6. 给每位学生发一张红牌和一张绿牌。朗读第一个陈述，让学生们按他们阅读文本之前做出的判断举牌，如果认为陈述错误，举红牌，反之，举绿牌。请学生们把牌放下，再让他们按阅读后做出的判断再次举牌。

7. 就所读文本进行全班讨论，请学生们分享从文本中找出的依据，并谈一谈为何改变或维持最初的判断。

8. 朗读其他陈述，重复第6、7步。

其他形式

你可以使用策略15开展其他形式的教学。

- 让学生们单独或以小组的形式尝试该策略。需要注意的是，小组讨论可能会引发其他的观点和推理。

- 除了使用红牌和绿牌，还可让学生们分别站到教室的两边以示其判断。班级辩论和判断依据分享环节过后，那些被说服并改变主意的学生可以站到另一边。

- 让学生们从文章中找出支持其判断的引文并填入学前引导表中的“依据”栏。

- 对于学前至二年级的学生，可以让他们用起立和坐下分别代表“对”与“错”。大声朗读课文后，同学们可以讨论课文中肯定或否定每条陈述的内容，并进一步判断这些陈述是对还是错。

- 在要求学生们对每个陈述做出初步判断时（第2步），你也可以发起课堂投票，这样学生个人或小组便可以在阅读之前分享他们的观点和初步判断依据。

其他科目的教学示例

以下展示了讲授其他科目时使用策略15的示例。

- 学习关于能量和物理的单元时，科学教师给学生们提供了一个初步的陈述：球滚下山坡时产生了动能和势能。教师指导学生们在学前引导表上记下对该陈述做出的判断。之后，学生们就该话题展开研究，并根据所学内容检查和修改先前的判断。

- 数学教师指导学生们快速阅读一道应用题，并要求学生们在学前引导表中判断这一陈述的对错：要解决这道应用题，需要先计算体积。然后，学生们仔细审题、作答，并在必要时修改他们最初的判断。

- 学习关于政府的单元时，社会研究教师提出一个反映政府部门间权力争议的陈述，如国会的权力最大，并指导学生们使用学前引导表记录他们的最初判断。之后，学生们就政府各职能部门展开研究，检查并修改先前的判断。

- 学习巴洛克时期的作曲家时，音乐教师在学前引导表中列出了一些与作曲家们相关的陈述，如约翰·塞巴斯蒂安·巴赫是巴洛克时期最具影响力的作曲家之一。学生们初步判断陈述的正误，之后展开研究，检查并修改先前的判断。

策略16

掷骰子

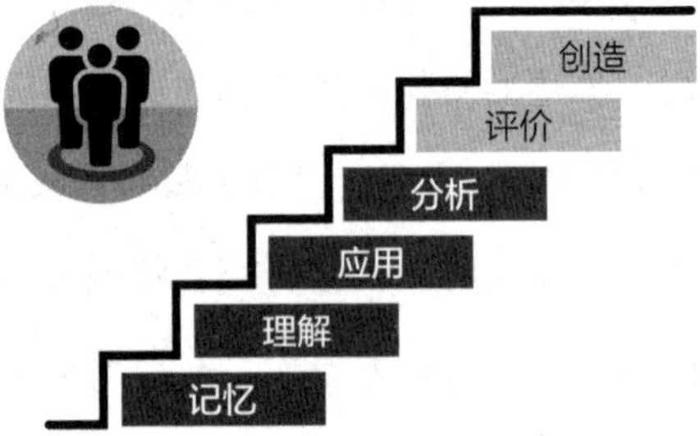

“掷骰子”是一种促使学生们从不同角度研究同一主题的教学策略。教师使用一个贴有标签的立方体或骰子，以具体但随机的方式给学生们分配主题。你可以从商店购买一个泡沫立方体，或者自己用纸做一个，又或者使用普通的骰子，给各个点数指定具体任务。

请你在立方体的六个面上注明以下标签或任务：(1) 描述，(2) 比较和对比，(3) 关联，(4) 分析，(5) 应用及 (6) 正反面辩论。第一面到第三面强化了布卢姆分类法理解层次的学习，第四面到第六面则将学生思维推升至分析层次。教师可以根据需要调整这些标签，以适应教学任务（请参阅“其他科目的教学示例”）。

课堂示例

在“世界地球日”到来之前，学生们正在学习回收利用。以废物回收利用为主题，教师将学生们分成小组，并指导学生们使用立方体的“描述”面写下与该话题相关的事实。由一位组员滚动立方体，选出下一个任务，然后同样的动作重复两次，继续抽选任务。在反思环节，教师就最困难、最简单和最有趣的问题组织小组讨论。

教学策略实施步骤

请使用以下7个步骤实施“掷骰子”策略。

1. 如果这是你第一次尝试该策略，请向学生们解释立方体的每个面代表的任务。以下解释方式供你参考：

- 描述——说明属性、细节或特征。
- 比较和对比——分别说明相似之处和不同之处。
- 关联——与另一个对象或想法建立联系。
- 分析——确定不同的分析视角。
- 应用——解释使用方法。
- 正反面辩论——分别指出优势和劣势。

2. 准备足够多的立方体供学生单独使用或共享。在每一面标注步骤1中的6个关键词。

3. 将学生们分为3人组或4人组，并分发立方体。让各组转到第一面，即“描述”面。

4. 宣布主题，给学生们5分钟左右的时间就给定主题写一段描述。

5. 规定时间结束后，让每组的各名成员轮流分享各自的描述。学生们通过倾听别人的描述形成自己对该主题的理解。

6. 让各组学生转动立方体来选出下一项任务。如果选出的任务已经完成，则继续转动立方体。可根据需要重复这个过程。

7. 写作和讨论任务结束后，可组织全班同学共同讨论如下问题。

- 哪项任务最容易？
- 哪项任务最难？
- 哪项任务最有趣？
- 哪项任务对学习新知识最有益？
- 谈一谈你关于该主题的知识是如何增加的。

其他形式

你可以使用策略16开展其他形式的教学。

- 为数学课上使用的立方体制定标签，可就每个标签对应的任务做如下解释（改编自教育家肖洛姆·弗里德的演讲）：

  · 描述你将如何解决该问题。

  · 分析该问题是如何提升你的数学思维和解题技能的。

  · 比较或对比该问题与另一个问题的异同（教师应指定用于比较或对比的问题）。

  · 展示如何将该问题或类似的问题应用到日常工作或生活中。

  · 改变该问题中的一个要素（如数字、元素或符号），并解释这种改变对该问题有何影响。

  · 设计一道具有挑战性的应用题，用图解法作答并分析解题示意图。

- 除了写答案，还可以让学生们在小组内分享他们的想法，并记下从其他同学那里听到的内容。

- 根据学生的学习意愿适度调整，在各个思维层次使用贴有不同任务标签的立方体。

其他科目的教学示例

以下展示了讲授其他科目时使用策略16的示例。

- 语言艺术教师在立方体上标明以下六个针对诗歌赏析的任务标签：（1）描述，（2）假装，（3）评论，（4）比较，（5）提问和（6）联系。读完一首诗后，学生们滚动立方体来决定他们执行以下哪项任务：（1）描述该诗，（2）假装他们是该诗的作者，（3）评论该诗，（4）将该诗与另一首诗进行比较，（5）就该诗提问，或（6）分析该诗与他们的生活之间的联系。学生们滚动立方体3次，完成其中3项任务。

- 科学教师给学生们概述一种自然现象（龙卷风、地震、暴风雪等），让他们滚动立方体来：（1）描述该自然现象，（2）将该自然现象与另一种自然现象进行比较和对比，（3）将该自然现象与另一个科学概念联系起来，（4）分析我们生活的地方为什么会有或没有这种自然现象，（5）指出该自然现象发生时自我保护的最佳方式，或（6）就该自然现象向小组成员提出一个具有思考价值的问题。

- 数学教师给学生们出一道具体的代数题，让他们滚动三次立方体来确定如何解题。可参考“其他形式”中的第一部分内容。

- 学完罗马共和国的相关知识后，社会研究教师让学生们分组滚动立方体选出任务并开展讨论。

- 视觉艺术教师向学生们展示一件著名的艺术品，并介绍该作品的显著特征和历史背景。各学习小组根据用立方体选出的任务记下关于艺术品的想法并进行讨论。

策略17

认知调查表

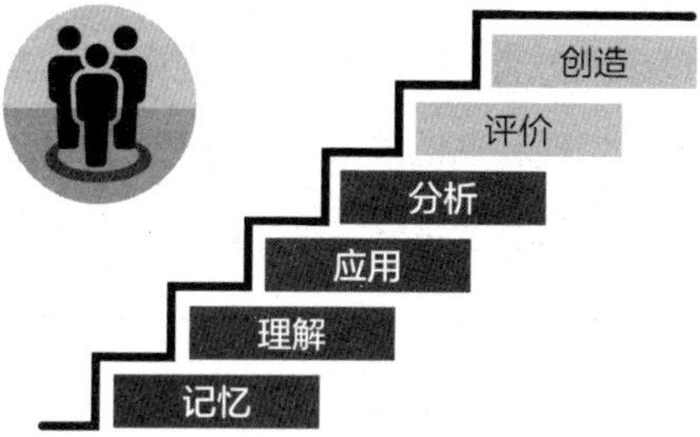

使用**“认知调查表”**策略时，教师会向学生们提出调查式的问题，然后学生们统一记录合并后的数据，并以条形图的形式展示出来（见图5.3）。这些问题应当有多个答案，比如以1为增量从0到10打分，或者给出“不重要”“比较重要”“重要”和“非常重要”等选项。以条形图为基础开展小组讨论，允许学生们分享各自的看法并考虑其他观点。此外，学生们不仅有机会在教室中走动，张贴他们的评级，在分析数

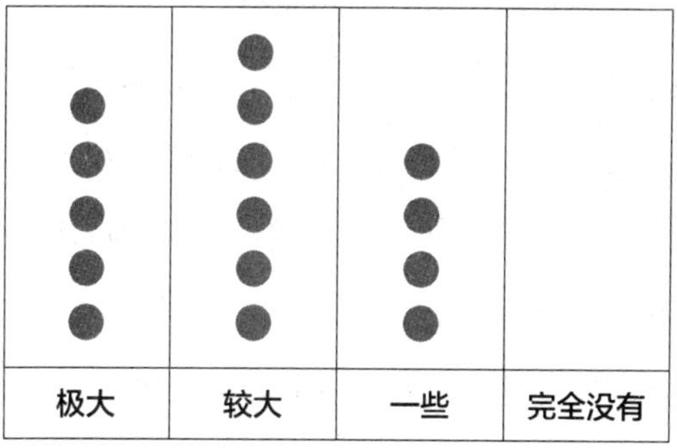

图5.3　基于认知调查表的班级条形图

据和得出结论时还能运用到更高层次的思维技能。

课堂示例

教师发给学生们一张评级表，上面有一个关于经济的问题，并附以下评级："极大""较大""一些""完全没有"。该问题是关于新开业的沃尔玛超市对当地经济积极影响的程度。学生们完成评级表后，教师请他们用便利贴记录每个人选择的评级，创建一个班级条形图（见图5.3）。然后学生分组讨论数据并得出结论。

教学策略实施步骤

请使用以下4个步骤实施"认知调查表"策略。

1. 准备并分发认知调查表，让学生们留意需要回答的问题和将要使用的评分量表。学生们需要独立完成认知调查表，记下对每个问题的评分，且在每个问题下面注明评分理由。

2. 在一张大图纸上，建立一个评分量表或其他评分指标，如从0到10的数字，并用便利贴或彩色圆点在图纸上记录所有学生的评分，形成一个条形图，清晰地描绘整个班级的数据。

3. 将学生们分成两人组并指导他们仔细观察图纸上的数据。学生们在教室两边与他们的同伴相向而立。教师提出以下问题，供各小组讨论：你从数据中观察到了什么？哪些地方是值得注意的？什么让你感到惊讶？你能得出什么结论？

4. 组织集体讨论，让学生们分享各自的看法。

其他形式

你可以使用策略17开展其他形式的教学。

- 用不同颜色的便利贴或圆点代表不同的小组。例如，研究男生和女生对教师提示信号的不同反应可能会很有趣。另外，在不同的上课时间可以使用不同颜色的便利贴来记录整堂课中的不同意见。

- 你可以使用该策略开展学前评估，让学生们标记他们对每一个单元学习目标的达成度是“不自信”“自信”，还是“非常自信”。教学结束后，让学生们用另一种颜色在同一张评估表中再次评估，比较两次评估的变化。你可以根据所得数据调整教学重点，开展差异化教学。

- 如果情况合适，可以让学生们使用其他来源的依据支持他们的评级。

其他科目的教学示例

以下展示了讲授其他科目时使用策略17的示例。

- 语言艺术教师指导学生们使用认知调查表来自我评估在近期完成的一篇作文上付出了多少努力。

- 科学教师指导学生们回答认知调查表上有关工程学对社会的影响程度的问题。

- 数学教师指导学生们确定下一步的最佳解题方法。学生们可以在下列选项中做选择：“做加法”“合并同类项”“消除无关信息”“做减法”。

- 社会研究教师指导学生们分析作为美国独立战争催化剂的波士顿倾茶事件的重要性。学生们可以在下列选项中做选择：“最重要的原因”“其中一个原因”“次要原因”。学生们分组作答。

- 体育教师就“舞蹈在多大程度上塑造了美国文化”这一问题展开调查，可供学生们选择的选项有：“很大程度”“一点点”“完全没有”。之后，学生们在课堂上就各自的观点讨论原因。

策略18

鱼骨因果分析法

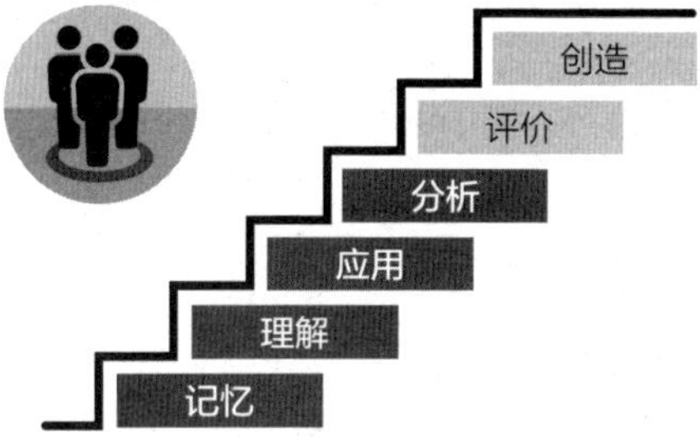

因果关系十分常见，尤其是围绕问题和解决方案的因果关系。帮助学生们找到问题的根源可以帮助他们理解所学知识，解决实际生活中的问题。无论学生们希望将来能经商、从医、从教，亦或是进入其他领域，都需要具备解决问题的能力，这是21世纪从业者的基本技能。运用**“鱼骨因果分析法”**，学生们可使用鱼骨整理图提升解决问题的技能。鱼嘴代表问题或争议，鱼骨有多个分支，代表造成问题或争议的多种原因（见图5.4）。

课堂示例

学生们研究一道数学题并检查自己的作答情况，找出错误并总结所有错误的成因。学生们使用如图5.4所示的整理图总结自己的错误。

阿代尔烤了4打燕麦葡萄干饼干、2打糖霜饼干和5打巧克力豆饼干。阿代尔喜欢分享，他将2打燕麦葡萄干饼干、1.5打糖霜饼干和2.5打巧克力豆饼干送给了朋友们。现在，他总共还剩多少块饼干？
第一步：饼干总数：燕麦葡萄干：4×12=48；糖霜：2×12=24；巧克力豆：5×12=60 第二步：送出的饼干数：燕麦葡萄干：2×12=24；糖霜：12+5=17；巧克力豆：12×2=24 第三步：燕麦葡萄干：48+24=72；糖霜：24+17=41；巧克力豆：60+29=89 第四步：总数：72+41+89=192

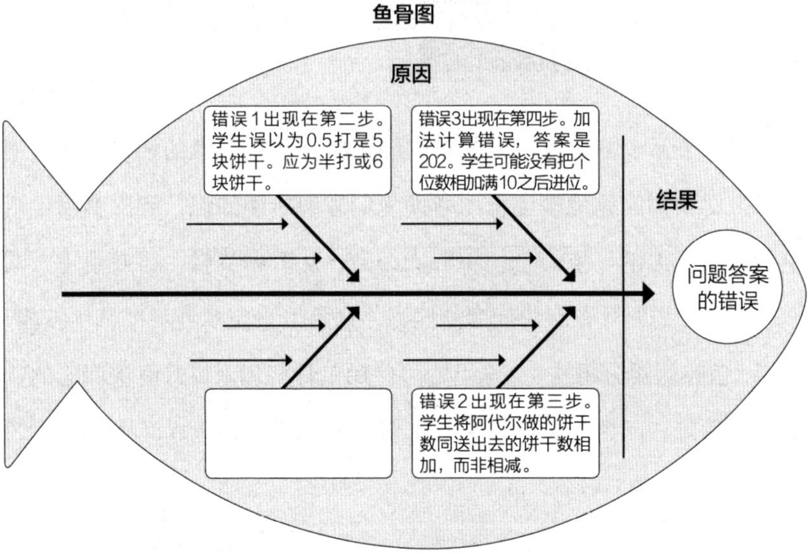

图5.4　鱼骨整理图示例

教学策略实施步骤

请使用以下5个步骤实施“鱼骨因果分析法”策略。

1. 选择能让学生们找出问题或争议原因的素材，例如视频、阅读材料、剧本或需修改的往届学生作业。

2. 确保学生们理解问题或争议，指导他们分析可用的信息。

3. 指导学生们以小组为单位或单独（自查错误时）找出造成问题的几个主要原因。鱼骨整理图的分支代表每个主要原因。学生们可以使用类似图5.4的空白版本、便利贴或图纸记下这些原因。

4. 让学生向同学们解释鱼骨整理图中的各个部分。

5. 以班级为单位，比较每位学生或每个小组所呈现的原因或错误的异同。

其他形式

你可以使用策略18开展其他形式的教学。

- 对于某些问题，你可以让学生们评估每个原因对最终问题的重要性。
- 让学生们集思广益，思考读物或材料中没有列出的其他问题或争议，这些很可能是造成问题的原因。

其他科目的教学示例

以下展示了讲授其他科目时使用策略18的示例。

- 语言艺术教师指导学生们从《麦琪的礼物》中找出一个问题。以小组形式使用鱼骨整理图思考致使该问题产生的原因，并将这些原因排序。

- 科学教师将学生们分组，指导他们选择一项人类或其他动物的生物异常现象。学生们使用鱼骨整理图分析该异常现象的成因。
- 数学教师让学生们假设这样一种场景：他们已经花光了返校购物的钱。学生们须使用鱼骨整理图检查他们的消费决定，并判定超支的原因。
- 观看完关于介绍印度地理问题的视频后，社会研究教师将学生们分成小组，并指导他们使用鱼骨整理图判断就地理位置而言他们认为印度面临的五大挑战。然后，学生们进行研究，找出与每个挑战相关的更多信息。
- 学完摇滚历史这一单元中关于约翰尼·卡什和埃尔维斯·普雷斯利的内容后，人文学科教师指导学生们使用鱼骨整理图分析两位艺术家曾面临的问题，特别是为何一位艺术家持续创作音乐近60年，而另一位的职业生涯却以悲剧告终。

策略19

引导阅读思考活动

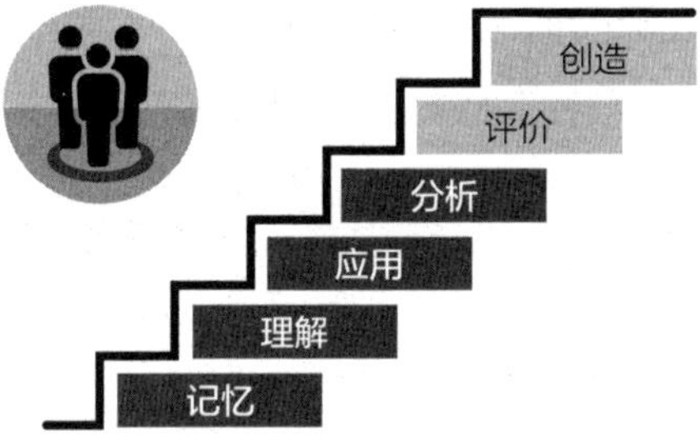

“引导阅读思考活动”策略是一种主动阅读策略，学生们先就所读内容做出预测，然后从阅读材料中寻找证据来证实或否定他们的假设。使用该策略时，教师将阅读材料分成几个部分，每一部分阅读结束后向学生们提问，以便评估他们对文本的理解。开始阅读下一部分之前，教师让学生们猜想下文将会发生什么，鼓励他们做出预测，并对他们的预测进行评估。该策略有助于明确阅读目标，激发学生们的好奇心，加强他们对内容的理解，鼓励积极的沉浸式阅读。

课堂示例

阅读莎士比亚的《罗密欧与朱丽叶》之前，学生们先浏览文本和插图，做出预测。教师提一些问题来激发学生们的兴趣："你听说过这个经典故事吗？""你的父母有权决定你爱谁吗？""你相信这个故事会有一个幸福的结局吗？为什么？”阅读前组织全班讨论，之后阅读第一幕的节选，并猜测故事情节和人物将要发生的变化。学生们根据已读内容和已有知识给出证据来支持他们的看法。阅读完第一幕的其余部分后，学生们回顾并评估先前的预测，同时就下一部分内容做出新的预测。阅读其他戏剧片段时均重复上述过程。最后，教师提出总结性问题来检查学生们的理解情况。

教学策略实施步骤

请使用以下9个步骤实施“引导阅读思考活动”策略。

1. 选择一篇文章，设定3到4个能给学生们提供大量预测机会的停顿点。阅读开始前，给学生准备一些具有思考价值的问题。

2. 首先，让学生们浏览题目并找出文本特征，如小标题、图表等。

3. 问学生们一些与这次阅读活动相关的问题来激发阅读兴趣。

4. 让学生们对将要阅读的文章内容做出预测，并在全班讨论时分享。

5. 指导学生们默读文章，直到读完指定部分。

6. 让学生们回顾预测，并讨论他们最初的想法是否正确。下列问题可用来指导讨论。

- 你现在如何看待你先前的预测？
- 你在文中找到了哪些可以用来证明预测的证据？
- 文中什么内容使你改变了先前的预测？

7. 指导学生们预测他们将在接下来的几个部分学到什么或发现什么，或者让他们根据新的证据改进先前的预测。

8. 根据需要重复第5到7步，直至读完所有内容。

9. 最后，提出一些总结性的问题，例如：

- 作者在这篇故事或文章中想表达的主要观点是什么？什么内容可用来支持你的观点？
- 你认同作者的观点或文章中主人公的行为吗？请解释认同或不认同的原因。
- 对于没有时间阅读这篇文章的人，你会告诉他/她有关该文章的什么内容？
- 你之前读过类似的文章吗？请给出解释。

其他形式

你可以使用策略19开展其他形式的教学。

- 如果授课对象是小学生，为他们大声朗读出来，而非让他们独立阅读故事。
- 进行第4步时，给各组的学生分配以下角色：（1）总结者，（2）提问者，（3）解释者和（4）预测者。读完一段文字后，由一名学生进行总结，一名学生向小组提问，解释者负责消除大家的误解，最后由预测者对接下来会发生什么做出有根据的猜测。阅读完下一段文字后，学生们可以互换角色。

其他科目的教学示例

以下展示了讲授其他科目时使用策略19的示例。

- 学生们阅读小说的部分内容时，语言艺术教师要求他们停下来，对即将发生的事件进行预测。读完后，学生们就故事情节写一篇简短的总结。

- 在学生们阅读关于本杰明·富兰克林在电学领域进行实证研究的故事时，科学教师要求他们在读到富兰克林实验的关键时刻时停下来，预测实验结果。
- 开始做题前，数学教师指导学生们预测每个计算步骤的结果。
- 指导学生们阅读美国西进运动的故事时，社会研究教师指导他们在适当的地方暂停阅读，预测这一时期的重要事件，比如是什么促使人们西进，穿越美洲大陆的困难，以及西进运动对奴隶制的影响。

策略20

旁听引文

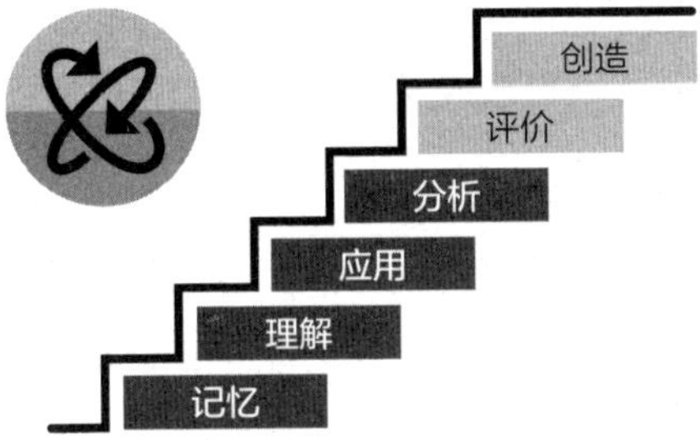

“旁听引文”是一种让学生们倾听各种想法并对这些信息得出有意义结论的策略。这是一种既能激发学生兴趣，同时又能让他们集中关注一个话题的有效策略。学生们通过在教室里四处走动并听取其他同学收集的引文，整理线索，试图理解相关话题。根据笔者的经验，学生们喜欢与其他同学交流，也喜欢解读话题的挑战。

课堂示例

教师从多首歌曲中挑选与“善与恶”主题相关的歌词，把出自不同艺术家之手的歌词分别写在不同的卡片上，并分发给学生们。学生们在教室里走动，互相分享各种歌词。然后，他们分小组讨论从歌词中发现的共同主题、结论和问题。全班讨论中，各组分享观点和问题。讨论结束后，由教师告知大家本节课的重点是探索几篇以“善与恶”为主题的文学作品。

教学策略实施步骤

请使用以下7个步骤实施“旁听引文”策略。

1. 就某个话题收集足够多的引文。给每个学生一句引文，确保每位同学拿到的引文均不相同。每句引文均应表达不同的观点，但都应与同一个主题保持一致。

2. 把每句引文打印出来或者写在卡片上，然后把卡片正面朝下分发给学生们（每位学生一张）。

3. 指导学生们各自阅读引文，并写下对引文的最初想法。

4. 让学生们与同学交流，分享各自手中的卡片。但是，只能分享卡片上的引文，不得进行讨论。

5. 在与5位同学交换引文后，让学生们分组讨论以下问题。

- 引文中有哪些共同的观点？
- 你能得出什么结论？
- 你现在有什么问题？

6. 组织全班同学讨论各小组提出的观点和结论。

7. 将引文同你希望学生们学习的主题联系起来。

其他形式

你可以使用策略20开展其他形式的教学。

- 除了把引文制成卡片分发给学生们，也可以把它们贴在墙上，引导学生们在教室里走动并阅读。
- 除了使用引文，还可以给学生们提供图片、某个时期的历史物品或戏剧道具等实物供他们学习。

- 利用教室的多媒体设备，为学生们提供一些可收听或观看的音视频材料。在他们找到提示线索后，指导其对主题进行总结归纳。

其他科目的教学示例

以下展示了讲授其他科目时使用策略20的示例。

- 语言艺术教师将有相似语法错误的引文发给学生们，并指导他们相互分享引文，之后以小组为单位列出所发现错误的相似特征，并与全班分享他们的结论。
- 科学教师给每个学生一张写有关于全球变暖不同观点的卡片，指导学生们互相分享卡片内容，然后要求他们以小组为单位判断卡片上引文的相似特征，并与全班同学分享他们的结论。
- 数学教师给学生们发放写有人们经常误解的常见统计数据的卡片，指导学生们互相分享卡片内容，然后要求他们以小组为单位判断卡片上统计数据的相似特征，并与全班同学分享他们的结论。
- 社会研究教师向学生们发放上面写有关于妥协的电影台词的卡片。教师指导学生们互相分享卡片内容，然后要求他们以小组为单位找出这些台词的共同点，并与全班同学分享他们的结论。
- 职业教育教师发给学生们一些卡片，上面写有关于找工作的不当建议。教师指导学生们互相分享卡片，然后要求他们以小组为单位寻找每条建议之间的共同点及其含义，并与全班分享他们的结论。

策略21

差异性事件

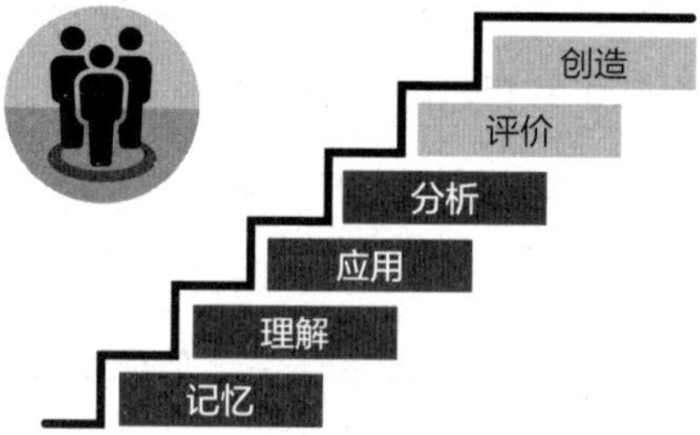

积极的参与对于学生们批判性地思考话题至关重要。为此，教师可以采用**“差异性事件”**教学策略提升学生的参与度。差异性事件指令人感到困惑或惊讶的意想不到的事件，能立即吸引学生的注意，并促使他们思考，探求事件的奥秘。例如，科学教师可制造一起爆炸实验，社会研究教师可朗读一封仿效美国《独立宣言》中论点的分手信。这些事件能迅速抓住学生们的注意力，并使他们发挥批判性思维，通过探究性学习进行解释。教师可以使用各种工具来创造“差异性事件”，如示范表演、视频片段、引人注目的阅读材料或科学实验。

课堂示例

教师问学生们毛毛虫软糖是不是活的。全班同学都认为不是。然而，学生们随即在杯子里看到了自发扭动的毛毛虫软糖。他们以小组为单位猜测其中的缘由，并讨论各种可能性。一些学生认为杯子里发生了化学反应，导致软糖自发移动，并进一步尝试找出引起反应的化学物质。每个小组分享完各自的假设后，由教师揭密：教师将毛毛虫软糖放置在小苏打中，再加入醋，两者发生反应，形成的气泡浮到表面，致使软糖移动。

教学策略实施步骤

请使用以下6个步骤实施“差异性事件”策略。

1. 思考或搜索材料，确保这些材料与教学内容相一致，且可激发学生们的探究性学习技能。选定“差异性事件”。

2. 让学生们将注意力集中在将要观察的东西上，但不要透露太多。要让他们感到惊讶或震惊。

3. 实施“差异性事件”，让学生们进行体验。

4. 让学生们以小组形式讨论事件发生的可能原因，尝试理解事件并提出相关问题。

5. 让每个小组选择一位发言人来分享本组的想法。

6. 确保每个小组都有发言机会。如果没有小组能给出解释，则由教师揭秘。如果有小组成功找到了原因，应对他们表示祝贺。

其他形式

你可以使用策略21开展其他形式的教学。

- 除了让学生们给出最佳猜测，还可让他们向你提一些非是即否的问题来帮助理解事件。例如，课堂示例里讲到的毛毛虫软糖演示中，各小组可询问教师是否发生了化学反应。给出肯定回答后，教师鼓励大家继续提问，帮助他们形成自己的假设。

- 你可以利用差异性事件来帮助学生们消除一些误解。例如，想让他们相信“内容多（更长）的作文并不总是优于内容少（更短）的作文”，你可以选择两篇作文：一篇短文（得分最高）和一篇长文（得分较低），让学生们读完后集中讨论短文具备哪些具体特征使其脱颖而出。

其他科目的教学示例

以下展示了讲授其他科目时使用策略21的示例。

- 语言艺术教师读了两封不同的关于舞会之夜的信，两封信均是以一位青少年的视角写的。其中一封信透露了许多关于这位少女和她的“梦幻”约会对象共度激动人心之夜时的细节。另一封信提到了她和朋友们度过的美好时光，并突出了她的良好行为。教师让学生们判断这两封信的写作目的，并希望他们能得出这样的结论：这些信件是面向两种不同的读者写的——第一封写给朋友，另一封写给祖母。这一活动让学生们明白了了解受众的重要性。

- 科学教师在教室墙上放了一个气球。即使未充满氦气，气球仍可紧贴墙壁飘在空中。学生们讨论可能导致气球飘浮的原因。教师希望学生们能正确地判断出是教师摩擦气球产生了静电，让它“粘”在墙上。

- 学生们进入课堂时，社会研究教师从他们中挑选几个人组成一个小组，并邀请这些学生选择课堂内容，并告诉他们可以在教室里走动。然而，他们也有责任执行课堂纪律。与此同时，教师要求其他学生完成一份作业。整个过程在开始上课后的前几分钟内持续进行。然后，让学生们分组讨论他们对所发生事情的感受。最后，教师告诉学生们，被选中的同学代表罗马平民，其他同学代表贵族社会阶层。

- 戏剧教师向学生们展示了一段喜剧演员的表演片段。学生们以小组为单位，尝试找出演员逗人发笑的技巧。

策略22

程度晴雨表

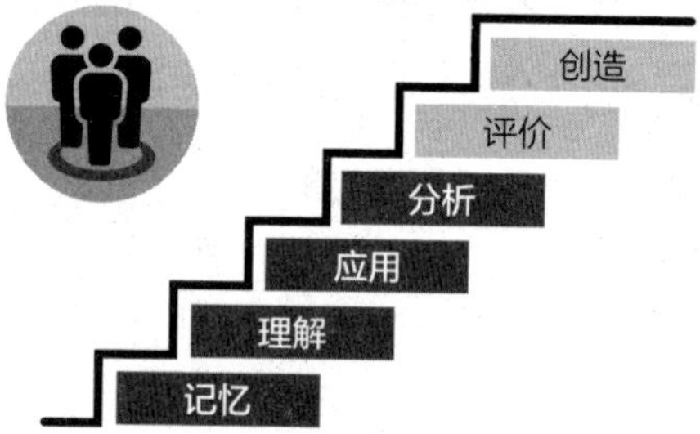

表5.8　正反意见整理表

问题或陈述：美国政府应该资助火星探测任务。				
视角	**赞成**	**反对**	**问题**	**程度晴雨表**
美国国家航空航天局	认为可能产生新想法、新发明；实现进一步探索外太空的美国梦	担心地球微生物可能污染火星；可能会耗尽稀缺的财政资源，影响其他探索任务（如探月任务）	倘若美国不开展火星探测，其他国家会在航天领域超过美国吗？	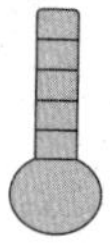
纳税人	对火星上可能存在生命感到好奇	担心火星之旅将十分昂贵，认为最好将钱花在解决主要社会问题和保护环境上	在确保预算合理的情况下，美国继续开展航天任务的最佳方式是什么？	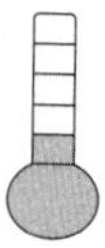
美国国会议员	认为火星探测将使美国在全球占据主导地位	认为火星探测将十分昂贵，可能不值得	哪个政党会支持这项倡议呢？	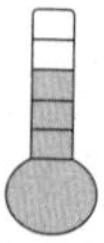

提高学生分析和思考能力的另一种方法是让他们使用如表5.8所示的整理表，多角度分析一种情况或一个话题。这有助于他们更深入地理解问题和运用分析层次的技能。通过该层次的归因认知过程，学生可以识别信息中的偏见、假设和观点。**“程度晴雨表”**策略要求学生找出一个问题的正反两面，并标明对相关视角或想法的同意程度。

课堂示例

在让学生了解了美国国家航空航天局（NASA）和行星之后，教师要求学生们从特定角度来思考下列话题：“美国政府应该资助火星探测任务。”学生们分组讨论，从三个不同的角度进行头脑风暴。其中一个小组决定分析NASA、纳税人和美国国会议员的观点。

学生们在一张整理表上记下关于该话题不同视角下可能提出的赞成和反对意见（见表5.8）。然后学生们从不同视角出发提出问题并记在整理表上，从而从不同角度引发讨论。各组向其他小组提问，以获得被提问组视角下的答案。辩论结束时，学生们综合考虑听到的所有证据和论点，并在含程度晴雨表的整理表中就他们同意或不同意的程度按1到5的范围值进行评分。例如，一位学生将NASA观点一栏的晴雨表中的所有格层均涂上了颜色，原因是她觉得有明显的证据表明太空任务应该得到资助；而在纳税人观点这一栏，她只给晴雨表的一个格层涂了色，因为支持纳税人立场的论据较不足。

教学策略实施步骤

请使用以下5个步骤实施“程度晴雨表”策略。

1. 确定你希望学生们分析的话题。一定要选择能让学生从多个角度分析的话题。

2. 指导学生们分组找出关于这个话题的几种不同视角，并将它们记录在如表5.8所示的整理表中。

3. 让学生们以小组为单位，确定与所探讨话题相关的正反两方面观点，以及他们的疑问。

4. 组织一场课堂辩论，给每个小组分配一个视角。各组须准备向其他小组提问并捍卫本组的观点。

5. 仔细考虑所有的观点后，学生们在晴雨表上涂色，表明他们的同意程度，实施“程度晴雨表”策略。例如，将晴雨表上的5个格层均涂色代表强烈同意此视角下的观点，而只涂一个格层代表几乎不同意。

其他形式

你可以使用策略22开展其他形式的教学。

- 辩论结束后，让学生们就该问题写一篇有说服力的文章，或制作一份多媒体文稿向全班同学演示。

- 除了列有正反方观点的整理表，还可以让学生们使用基于数据的整理表（参见表5.9）。该表允许学生们记录支持每个观点的数据，并标注对每个观点的同意程度。

表5.9　基于数据的整理表

问题或陈述：		
观点	数据	程度晴雨表
		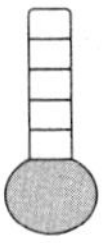
		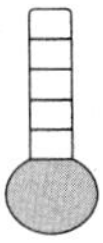
		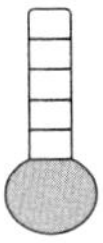

其他科目的教学示例

以下展示了讲授其他科目时使用策略22的示例。

- 语言艺术教师要求学生们考虑社交网站是否对社会有益。学生们分组思考人们使用社交媒体的不同方式，以及他们将如何处理这个问题。

- 科学教师要求学生们思考人们是否应该只吃素食。学生们分组探讨医学专业人士、营养师、肉食爱好者和素食者的观点，以及他们自己如何看待该问题。

- 数学教师向学生们展示几份学生作业，这些作业分别展示不同的解题方法，并要求他们指出每种方法的优缺点。

- 社会研究教师提出如下问题：美国政府是否有责任为每个公民

提供互联网服务。学生们以小组为单位，探讨无法获得互联网服务的人、负担不起互联网服务的人、轻易获得互联网服务的人、互联网服务提供商和政府官员等群体的不同观点，以及他们对该问题的看法。

- 美术教师提出如下问题：不同历史时期的人会如何看待同一幅画。学生们分组讨论，确定一个历史时期，并评估这一时期的人们对这幅画的态度。

策略23
SWOT分析法

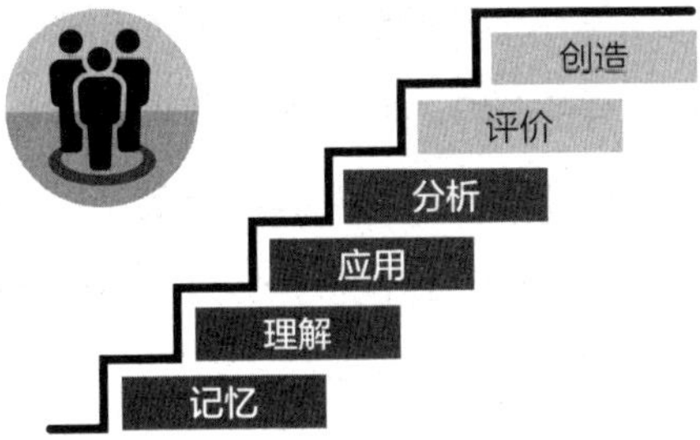

企业经常使用“**SWOT**（优势、劣势、机会和威胁）**分析法**”来调查情况、计划项目或调研竞争形势。然而，若想让学生们通过明确目标，考虑所有可能影响实现这些目标的相关因素，并确定目标是否可达成来分析问题或情况，你也可以在课堂上使用该策略。如此一来，学生们将学会从多个角度分析情况或问题。你只需要让他们填写一个如表5.10所示的简单整理表。

表5.10　SWOT整理表

目标：提高整个班级的整体成绩。	
优势	**劣势**
小组合作，课程内容有趣	进度快，考试前需要多复习
机会	**威胁**
增加小测验来衡量进步情况	分数偏低是由于未理解课程内容
结论：我们认为，通过在考试之前提供给我们更多的复习内容，并提供练习小测验以评估自己的进步情况，是有可能提高成绩的。	

课堂示例

学生们该学期的成绩比平时低，因此教师要求他们反思课程内容，思考如何进步，并就未来如何实现提高成绩的目标准备进行SWOT分析。学生们就该学期单独进行反思，同时完成一张SWOT整理表（见表5.10）。然后，学生们与同学分享各自的分析，尤其是关于机会的分析。教师邀请学生们分享他们列出的提高课堂成绩的方法。教师和学生都据此做出调整，以提高学生成绩。

教学策略实施步骤

请使用以下5个步骤实施“SWOT分析法”策略。

1. 选定一个可以让学生们应用“SWOT分析法”的问题或情形。教师应就该问题或情形为学生提供一个明确的目标。

2. 指导学生以小组为单位，从优势、劣势、机会和威胁四个角度分析该问题或情形。

3. 每个小组均应使用如表5.10所示的整理表分别列出优势、劣势、机会和威胁。

4. 完成后，学生们将他们的整理表放在指定位置，轮流查看其他小组的想法和结论。要求学生们在有深刻见解的想法和结论上打钩，也要在便利贴上写下问题并粘贴在相关组的整理表上。

5. 查看其他小组的整理表后，各组应添加新想法、回答其他小组留下的问题，并回顾他们的结论，从而完善自己的SWOT整理表。

其他形式

你可以使用策略23开展其他形式的教学。

- 各学习小组在完善整理表时，让他们优先考虑各部分中最重要的观点。
- 如果信纸大小的纸张无法满足小组活动的需求，可以选用更大的图纸创建整理表。

其他科目的教学示例

以下展示了讲授其他科目时使用策略23的示例。

- 语言艺术教师指导学生们使用“SWOT分析法”探究《了不起的盖茨比》中的人物杰伊·盖茨比，判断他是英雄还是存在根本性缺陷。
- 科学教师指导各小组就减少气象灾害的影响提出一个解决方案。各组给出自己的解决方案后，使用“SWOT分析法”检查由其他小组提出的解决方案并给出反馈。
- 数学教师指导各小组为一个统计项目收集数据。每个小组分别展示收集到的数据，其他小组则使用“SWOT分析法”给出评估和反馈，供展示组做最后的修订参考。
- 社会研究教师指导学生们选择一个参与第一次世界大战的国家，并使用“SWOT分析法”判断该国的参战目标，并分析该目标是否切合实际，能否最终得以实现。
- 音乐教师指导学生们认识摇滚乐时代的音乐家或乐队，并使用“SWOT分析法”判断音乐家个人或乐队的音乐是否影响了与他们同时代的人们。

策略24
画廊漫步

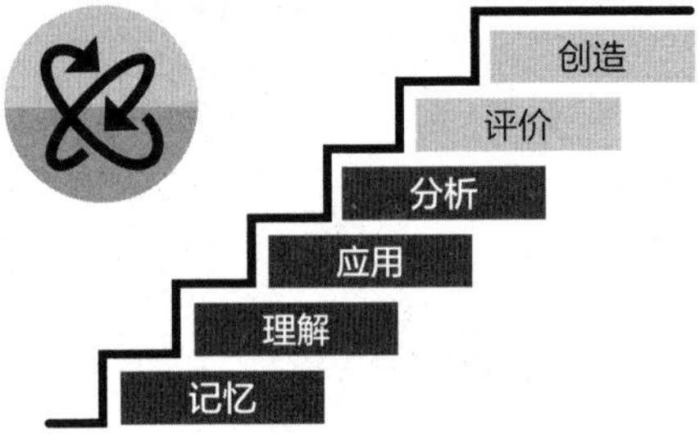

在**“画廊漫步”**这一教学策略中，学生们以小组形式在教室里轮流去到不同的位置，并就具有思考价值的问题、文档、图像、文本或情形做出回应。你可以将该策略用于预评估活动，依靠集体智慧提出新想法，引入新内容，或回顾已学知识。“画廊漫步”策略的好处在于，学生们可以在教室里活动，也可以参与到有针对性的讨论中，分享不同的观点，反思自己的想法。通过小组活动，更多的学生参与到课堂活动中，可以给予比较羞怯的学生以发言的勇气。你可以使用该策略组织如信息汇总等较低层次的思考活动，也可以将其运用在分析层次，学生们可以练习组织复杂信息并得出准确结论。

课堂示例

一间小学教室里，大家正在讨论不同的印第安部落及其传统习俗。教师把全班同学分成几个小组，让各组轮流坐到教室的不同区域。每个区域都有一些不同部落的照片和一个手工制品，以及代表该部落传统习俗的物件。所有区域均放置了可供学生们记录信息的图纸。各组轮流到各个区域学习，在图纸上记录他们的想法，他们关于这些照片的问题，以及与图纸中已有内容的联系。

教学策略实施步骤

请使用以下5个步骤实施“画廊漫步”策略。

1. 选定可供学生思考的主要话题和相关材料，将它们写在图纸上（该图纸亦供学生做记录），并将图纸张贴在教室的各个区域。任何能促使学生探索和理解的材料均可选用，例如，与话题相关的叙述，政治漫画或绘画等图像，或者源自小说或一手材料的引文等。这些材料还可以包括基于阅读文本或在教室展示的综合信息提出的深层次问题。例如，“依照此文，我们国家实现平等了吗？”。

2. 将学生们分组，每组4人左右。给每组发放一支不同颜色的记号笔，供他们在每个区域做记录（方便辨认每组的记录）。每组应选定第一位做记录的组员，然后每次轮换区域的时候换人记录。

3. 每组指定好记录员后，请告知各组何时前往第一个指定区域。如果你采用的是小组头脑风暴式讨论的形式，各组可能只需一到两分钟便能记录他们的想法，但如果你想让学生们回答更深层次的问题，应该给他们留出足够的作答和反思时间，例如3到4分钟。各组应在图纸上记录他们的想法和疑问。

4. 在规定的活动时间结束后，请各组轮换到下一指定区域。你可以确定轮换模式，并向学生们解释清楚。若学生们在阅读其他小组的评论时产生了疑问，他们可以在图纸上画一个问号，以便之后在课堂上进行讨论。学生们应该增加新的想法，而不是重复图表上已列出的想法。重复上述过程，直至学生们到过所有区域为止。

5. 组织全班讨论或反思，总结学习情况，回答各组提出的问题，重点分享好的想法。

其他形式

你可以使用策略24开展其他形式的教学。

- 完成阅读任务后，让学生们在位于教室不同区域的图纸上写下：（1）评论或个人看法，（2）疑问及（3）预测。
- 你也可以将数学题、政治漫画或图片等张贴在位于教室不同区域的墙壁上。除了使用图纸，学生们还可以用笔记本做记录。
- 在所有小组完成轮换后，再重新轮换一次。第二次加快速度，让学生们查看其他小组的笔记。
- 在实施这一策略的最后，让学生们通过使用整理表、进行总结，或以小组为单位在每张图纸中圈出重点信息等方式对学习成果进行汇总。

其他科目的教学示例

以下展示了讲授其他科目时使用策略24的示例。

- 语言艺术教师指导学生们复习近期阅读的关于维多利亚时代的一篇文章中的一些引文。学生们在教室的不同位置浏览图纸上的引文，从中选出一条引文，并通过在图纸上标出这条引文如何反映这一时期，记录为什么他们最喜欢（或最不喜欢）这条引文。各组轮流在各区域的图纸上写下问题或附加评论。

- 科学教师在教室的不同区域回答不同的开放式问题，指导学生们复习本单元中关于自然资源的主要观点。开放式问题如下：我们如何保护自然资源？
- 数学教师把不同的数学题贴在教室中不同位置的图纸上，让各组轮流检查这些题的解题思路，同时提出其他解题方法。
- 社会研究教师指导各组学生分析图纸上的一幅政治漫画，并找出理解漫画的一个关键点。然后学生们在图纸上记下分析结果。各组在教室里轮流欣赏其他漫画，并在每幅漫画中找出更多重要信息。
- 人文学科教师指导学生们在布置有艺术作品、乐曲和舞蹈视频的教室中不同区域轮流学习。小组在笔记本上记下每份作品是如何展示文艺复兴的。

思考与实践

思考题

请回顾本章内容并思考下列5个问题。

1. 本章中的哪些教学策略与你现有的教学实践相一致？如何适当改进这些教学实践，以便增强学生的分析思维能力？

2. 你可以在下个月使用哪4种培养分析技能的策略？

3. 本章中你最喜欢哪个基于媒介素养的策略？这个策略是否适合你的学生？为什么？

4. 对于本章中你打算采用的策略，你能想出哪些改进方法？

5. 你能想到哪些方法用来对本章中的策略加以完善，使之更加适合你的特定课程？

实践题

请组织以下3项活动，将本章的概念应用到你的课堂教学中。

1. 选一个你想付诸实践的教学策略，并就授课内容制订教学计划。

2. 在使用了这一教学策略后，询问学生们是否喜欢这个策略，以及如何对其加以改进。

3. 观察另一位使用批判性思维策略来培养学生分析技能的教师。记下你的思考和想法，并思考如何将其应用到你自己的教学中。

第六章

评价层次教学策略的实施

IMPLEMENTING STRATEGIES FOR EVALUATE-LEVEL THINKING

> 受过良好教育的人的标志是，即使不接受一个想法，你也会容纳它。
>
> ——亚里士多德

本章将重点介绍与布卢姆分类法（修订版）中评价层次相关的19种教学策略。每种教学策略都要求学生们运用评价层次的认知技能，如检查或评判学习内容。其中一些策略还涉及记忆、理解、应用或分析层次的认知技能。每项策略对应的图标表示该策略下的教学活动所涉及的分类法步骤（层次），以及激发课堂参与的主要手段（运动、合作或媒介素养）。

对每个策略的讲解包括以下内容：概念、目的、课堂示例、实施该策略的一系列步骤、使用该策略的其他形式，以及针对不同教学科目的教学示例。

策略25

四角分析法

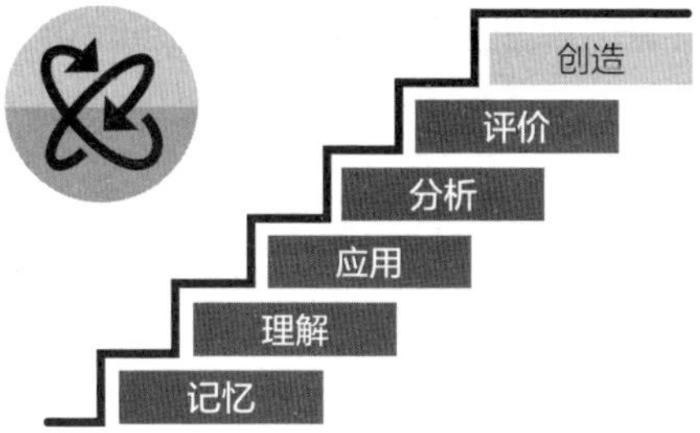

“四角分析法”教学策略让学生们在活动中深入思考课程主题，并进行合作。使用该策略时，你可以提出一个问题，让学生们前往教室中的指定地点作答。然后让学生们分组讨论，并向全班汇报讨论结果。

该教学策略有许多优点。每位学生就教师的问题提出各自的看法，并自由选择同自己有相似看法的同学进行讨论。这样可以使得他们倾听不同的观点，在反思和评判自己与他人的观点时运用批判性思维技能。

由于该策略允许学生们相互合作并就某一主题发表观点，因此，你可以将学生们分成多个学习组，鼓励他们参与对话，同时对学生们进行评估。你可以使用本策略预估学生对某个话题的已有知识，为开展辩论做准备，或在阅读文本后鼓励他们思考和对话，并为学生提供时间学习。最后，你可以就每组的论点或证据的质量提供反馈，并澄清误解。

课堂示例

学完水循环的相关知识后，学生们在课堂上讨论水循环的各个阶段及其在环境中的作用。教师要求学生们思考哪一阶段最为重要。教师在教室的各个角落张贴展示每个循环阶段重要性的标签，学生们按照自己想法做出选择，并站到相应的角落。如此一来，学生们自然成组，并根据所得证据向全班同学介绍他们的论点。

教学策略实施步骤

请使用以下5个步骤实施“四角分析法”策略。

1. 选定一个具有思考价值的问题，该问题没有正确的答案，但具有争议，能够引发讨论，并提供几个答案供学生们选择。

2. 让学生们在整理图或便笺纸上写下对问题的最初想法，为小组讨论做好准备。给学生3到4分钟的时间理清思路，帮助他们为下一步的深入思考做好准备。

3. 指导学生们站到展示有自己观点的教室角落。然后，将他们分成两人组或3人组（以提高学生参与度）并要求他们对其选择做出解释。各组应以证据立论并尝试说服其他小组。如果某个角落只站了一位学生，那么教师要表扬这位学生的勇气，并在其他小组讨论时请这位学生同教师分享观点。

4. 请各组推选一位发言人，或者从每组中随机挑选一名学生来分享该组的观点。之后，给小组成员大约5分钟的时间互相提问并讨论答案。

5. 讨论结束后，若某组说服了一些学生改变观点，就请改变观点的学生转移至相应的角落，与新的小组做进一步的讨论，解释改变想法的原因。

其他形式

你可以使用策略25开展其他形式的教学。

- 使用的教室区域可以多于或少于4个。例如，在提出一个有争议的观点后，你可以让赞同的同学站到教室的一边，反对的同学站到另一边。
- 在阅读前和阅读后的活动中运用该策略，以评估学生们在摄取新信息后思维的拓展情况。例如，找出一篇学生没有读过的文章的要点，记在图纸上并张贴在教室角落，让他们根据已有知识和假设选择一个角落。在读完文章后，重复这个活动，并请学生们讨论他们的思维是如何拓展的。
- 从一节课中选择几个重要的话题，将每个话题标在图纸上，粘贴至教室的不同角落。让学生们自行选择最具挑战性的话题。学生们可以在图纸上列出关于该话题的遗留问题，或将这些问题提交给其他小组。各组分享完之后，学生们可选择下一个最具挑战性的话题。这一活动将告诉你学生在哪些方面可能需要更多的指导。

其他科目的教学示例

以下展示了讲授其他科目时使用策略25的示例。

- 学生们读完一个故事后，语言艺术教师指导他们选择一个角色做他们的朋友。教室的每个角落对应书中的一位关键人物。学生们需在故事中找到证据来支持他们的选择。

- 科学教师指导学生们分析一份气候科学报告中的数据，并判断这些数据是否支持气候变化主要是由人类造成的这一说法。教室的每个角落代表一个评定指标："非常同意""同意""不同意""非常不同意"。

- 为了预估学生们对新知识的了解情况，数学教师指导学生们（匿名）检查一名往届学生就一个多步骤的现实问题的解题过程。教室的每个角落代表一个评定指标："全部正确""一处错误""两到三处错误""四处及以上错误"。

- 社会研究教师让学生们选择美国《权利法案》中10项宪法修正案的哪一项可以删除，而不会对个人或集体自由产生重大影响。在准备阶段，学生们要找出删除每一项修正案的积极和消极影响，并根据重要性对其排序。教师在教室里指定10个地点分别代表每项修正案。

- 音乐教师指导学生们研究披头士乐队成名的原因：媒体报道、天赋、历史背景和队员的性格。教师将分别标有4个原因的大纸张贴至教室的各个角落。学生们将想法写在纸上，然后与全班同学分享，并尝试通过简短的讨论或辩论说服他人接受自己的观点。

策略26
排序法

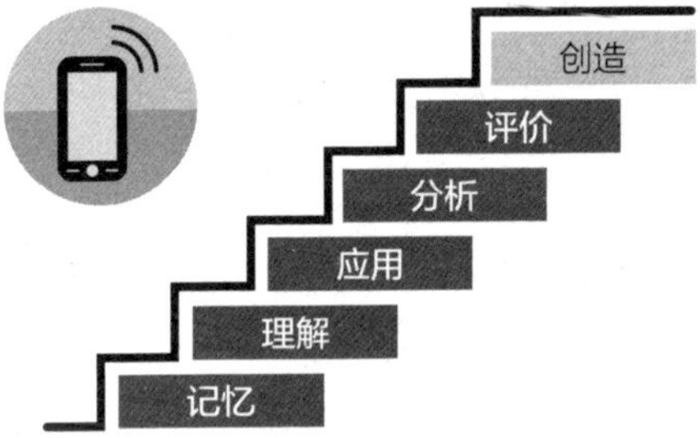

基于策略9“媒体隐喻”的思想，**“排序法”**策略要求学生们分析几首与某个特定概念相关的歌曲，根据相关性将歌曲排序并给出原因。媒体隐喻策略要求通过比较两个项目来寻找相似之处，而该策略则更具挑战性，学生们必须仔细比较几首歌和特定概念之间的关系，并确定哪首歌最能代表相关主题。

课堂示例

学生们听《税务员》(*Taxman*)、《拿钱跑路》(*Take the Money and Run*)和《她为钱努力工作》(*She Works Hard for the Money*)这三首歌，并判断哪一首最能代表销售税的概念。在对歌曲逐个排序后，学生们分成小组，选择相关歌词来支持他们的观点。教师组织班级投票，并请各组给出他们支持或反对投票结果的理由。

教学策略实施步骤

请使用以下6个步骤实施“排序法”策略。

1. 让学生们选择3首代表一个文学人物、概念、历史时期等的歌曲。

2. 播放歌曲，并为学生们提供每首歌的歌词。

3. 指导学生们按照与所给主题相符的程度各自对这3首歌曲进行排序。

4. 让学生们以小组为单位分享排序方案并引用歌词中的证据讨论原因。各组内部应就排序方案达成共识。

5. 组织全班投票。各组应给出最受组员支持的排序方案。在黑板上记录各组就每首歌曲的投票情况。

6. 全班讨论并分享排序理由。

其他形式

你可以使用策略26开展其他形式的教学。

- 让学生们为每首歌画一个视觉化的总结图，然后确定哪首歌最能代表给定主题。
- 除了歌曲，还可让学生们对其他媒体、物体或图片进行排序。

其他科目的教学示例

以下展示了讲授其他科目时使用策略26的示例。

- 读完《了不起的盖茨比》后，语言艺术教师让学生们思考以下哪首歌最能让他们联想到杰伊·盖茨比：《烟火》(*Firework*)、《当我和你在一起时，我才是我》（*I'm Only Me When I'm With You*）、《让你更强大（无法将你击垮的困难）》[*Stronger*（*What Doesn't Kill You*）]。学生们边听歌曲边读歌词，将歌曲排序，投票选出最能让他们联想到杰伊·盖茨比的歌。

- 学完磁铁的知识后，科学教师指导学生们听下面几首歌，并判断哪一首与"磁铁的吸引力"相关性最强：《情不自禁地坠入爱河》（*Can't Help Falling in Love*）、《我们永远不会复合》（*We Are Never Ever Getting Back Together*）、《像胶水一样粘在一起》（*Stuck Like Glue*）。

- 学了不同几何形状的表面积计算方法后，数学教师让学生们选一首与之最为相关的歌曲，如《广阔的空间》（*Wide Open Spaces*）等。

- 社会研究教师指导学生们根据对英国与殖民地关系的理解，将以下童谣按与主题相关性大小进行排序：《大黄蜂宝宝》（*Baby Bumblebee*）、《我是一只小茶壶》（*I'm a Little Teapot*）、《小蜘蛛》（*The Eensy Weensy Spider*）。

- 家庭与消费者科学教师让各组学生思考哪些歌曲符合权威式教育风格。各组对自己的选择做出解释，最终全班评选出了与该话题联系最紧密的歌曲：《掌控世界（女孩们）》[*Run the World*（*Girls*）]。

策略27

提问法

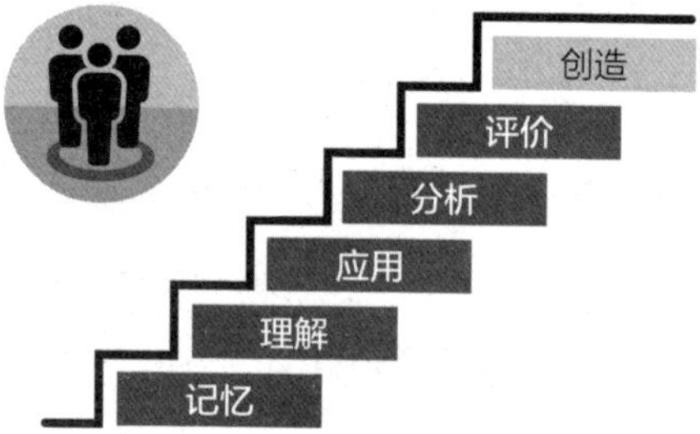

"提问法"这一策略可以让学生们参与到思维型课堂主要采用的各种教学活动中，因为当学生们提出问题时，他们会进行高层次的思考。然而，有研究表明，仅58%的学生表示他们愿意向教师提问。幸运的是，教师可以采用一些方法让不愿提问的学生也能与教师积极互动，例如，给他们足够的时间来思考和完善问题，提供一些方案指导他们提问，营造积极和鼓励学生参与课堂的氛围。此外，提问法策略可以帮助学生们构思问题。为了帮助学生提出问题，你可以提供问句的主干部分，例如：哪些证据支持____？或者，关于____的另一种观点是什么？

问题的来源十分重要。摒弃教师主导提问及随之而来的学生沉默应对的现状，转而让学生们提出有思考价值的问题，从而激发学生进行高质量思考，积极参与课堂讨论。"通过提问和理解促进学习和思考"的专业发展模式，也就是"QUILT"框架的提出者杰基·阿克里·沃尔什和贝思·丹克特·萨特斯指出：

> 在真正的讨论中，教师将以下任务交给学生：（1）思考并提出重要的问题；（2）邀请所有人积极参与，分享观点；（3）质疑他人的想法——要求给出证据或对推理做出解释；（4）给予和接受形成性反馈；（5）持续进行个人反思，评估和监督自己的思维和对知识的理解；（6）精心维护公开交流思想的文化。

虽然很难抑制在讨论进行时做出反馈的冲动，但教师应该考虑采用其他方式来促进讨论，例如：鼓励另一位学生提问；请学生详述其观点；转述学生陈述的内容等。

为学生们提供诸如陈述、图片、文章选段和媒体片段等解释性材料，有助于促使他们提问。

- **陈述：**
  - 阅读以下陈述并提出问题——“一个好故事有一个圆满的结局。”
  - 分析以下陈述并提出问题——“你必须遵循科学的方法。”
  - 评估以下陈述并提出问题——“人人平等。”
  - 阅读以下陈述并提出问题——“所有美国公民都是自由的。”

- **图片：**
  - 仔细观察世界上4种动物的图片——提出一个科学家可能会问的问题。（注意，所有的图片都描述了动物如何伪装自己。）
  - 分析政治漫画——提出有助于理解其含义的问题。

- 研究连环漫画——思考该漫画和一本书之间的联系。提出问题来探索这种联系。

- **文章选段：**
  - 阅读社论——提出讨论观点时可以使用的问题。
  - 阅读一篇短文或故事中的一页——阅读后，提出可以帮助插画师添加故事细节的问题。

- **媒体片段：**
  - 观看一段与工作场所行为有关的视频——找到一段相关的视频片段（比如电视节目《办公室》中的一个场景），并提出有关工作场所行为的问题。
  - 观看与实验相关的视频片段——找到一个相关的视频片段（比如YouTube里关于精彩科学实验的视频）并就其中一个实验提问。
  - 在不同人文学科间建立联系——欣赏选自同一历史时期的一件视觉艺术作品、一段精选的音乐或一段舞蹈视频。就每件作品提出与该历史时期相关的问题。

你可以采用多种方案帮助学生提出问题。（注意，每种方案的第一步均是为学生选择相关的主题材料供其提问。）

- **思考—结对—分组—分享：**学生们先各自提出问题，再与同学结对分享，之后每对学生与其他结对学生组成小组，以小组为单位选出一个问题与全班分享，最后全班就各组提出的问题展开讨论。

- **10个问题：**该方案可促使学生大量提问，以训练提问技巧。学生们可以单独或以小组的形式就某个主题提出10个问题。然后，选出他们认为最好的问题供全组讨论。

- **优先问题：**该方法让学生们作为一个整体，尽可能多地提出问题，并记录每一个问题。经小组讨论，按质量高低将所有问题排序。在这一过程中，教师不得举例或评价学生提出的任何问题。这样可以营造一个相对安全的环境，防止任何负面评论阻止学生提问。排序时，要注意区分封闭式问题（能用一两个词回答的问题）和开放式问题（需要详细阐述的问题），鼓励学生们将问题分类。各组选出排名前三的问题（优先问题）做进一步讨论。

- **DIG策略**（DIG是detail, inference, and global的缩写，即指细节题、推理题和全局性问题）：该方法可为学生们提供生成问题的结构。在研究完陈述、文章选段、图片或媒体文件后，学生们提出细节题、推理题和全局性问题。细节题的答案可以直接从研究材料中找到（例如：根据本文，接下来发生了什么？）。推理题要求读者分析研究材料并得出结论（例如：根据所提供的信息，你的推断是什么？）。全局性问题要求读者将研究材料与当前事件或个人经历联系起来（例如：这篇文章如何适用于你的生活？）。学生们结对练习，一人提问，一人作答，然后互换角色。讨论完各自的问题后，各自找到新的同伴重复这个过程（以此类推）。

你可以将上述做法与以下教学策略的各个步骤一起使用，鼓励学生们在讨论之前完善他们的问题。

教学策略实施步骤

请使用以下4个步骤实施“提问法”策略。

1. 让学生们分析教师选择的媒体片段、视频、引文、陈述或文章选段。所选内容应该能够激发学生的思考。

2. 选一个提问方案并向学生们解释该方案。如果是初次尝试，请先给出示范。

3. 按照你选定的提问方案，留出一定时间供学生思考问题。

4. 根据你选定的提问方案设定流程，用以汇报或记录由学生个人或小组提出的问题，并组织讨论，对讨论结果加以评估和反馈。

其他形式

你可以使用策略27开展其他形式的教学。

- 问题连续体是一种用于帮助学生提升问题质量的更为高级的提问方案，该方案考虑了问题所需的认知水平和激发学生讨论的能力。使用显示板或Padlet展示一个问题连续体示例，它可以从趣味性高低和复杂性高低两个方面衡量一个问题激发新想法或引发讨论的程度。最优质的问题应该既有趣又复杂。更多内容请参考《激发学生提问》(*Sparking Student Questioning*)。

- 使用优先问题方案时，可以让学生分组选出3个优先问题。学生完成后，可以组织全班讨论。

其他科目的教学示例

以下展示了讲授其他科目时使用策略27的示例。

- 读完4段关于冲突的电影语录后，语言艺术教师使用“思考—结对—分组—分享”法指导学生们提问。学生们两人一组，分享问题并讨论相应的答案。之后，他们选出两个最好的问题并与另一对同学合为一组，分享并交换意见。教师从每个4人组中选一位同学分享最佳问题，组织全班同学讨论。

- 科学教师向学生们展示一幅美国卫星夜景图，图中的光亮集中在特定地理区域。教师要求学生们两人一组，在10分钟内使用10个问题方案就该图提出10个问题。

- 数学教师指导学生们使用问题连续体策略分析描述不同种族群体收入分布的人口普查数据。学生们两人一组提出两个问题，其中至少有一个问题兼具趣味性和复杂性。教师从这些问题中挑出一些供小组讨论。

- 在教授有关历史冲突的单元时，社会研究教师提出“暴力有时是必要的”这一陈述，并要求学生们以小组为单位，使用优先问题方案就该陈述进行思考并提出尽可能多的问题。各组梳理所有问题并选择3个最重要的问题供全班讨论。

- 技术教师指导学生们观看一段解释如何制作视频的录像。之后，学生们两人一组使用DIG策略来分别提出细节题、推理题和全局性问题。与此同时，教师在教室里走动，准备好解答问题。

策略28

推理法

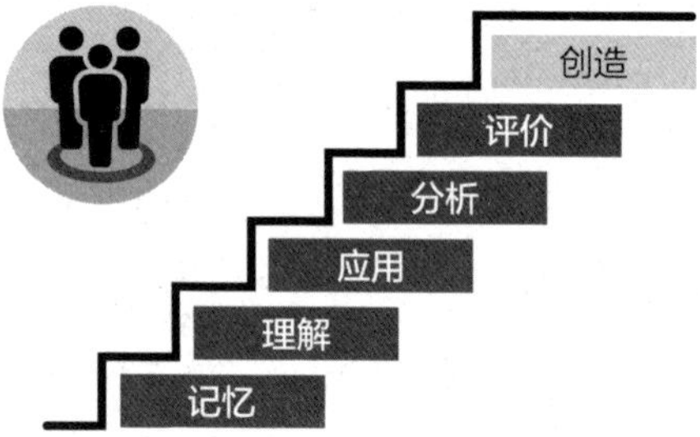

“推理法”是一种基础的思维过程。“推理法”是指基于证据和逻辑推理得出结论的过程。虽然学生们没有意识到，但这是他们一直在做的事情。例如，根据以前读过的类似故事，对所读故事中的后续情节做出假设。学生可运用事实、例子、以往经验和逻辑推理支持他们的推断。虽然“推理”可以是理解层次的活动，但是若让学生判断更为复杂的文本和插图的可信度，也可上升至评价层次。你可采用如表6.1所示的整理表帮助学生们提高思考能力。

课堂示例

一个班级整理了学生对学校午餐满意度的数据。学生们使用整理表（见表6.1）来记录事实，并根据这些事实以及他们认为午餐菜单应该如何改变来做出推断。

表6.1　事实和推论整理表

事实（直接信息）	推论（间接或隐含信息）	观点（我们的思考）
• 我班有10名同学最喜欢比萨。 • 5名同学最喜欢吃三明治。 • 4名同学最喜欢墨西哥卷饼。 • 2名同学喜欢自带午餐。	1.大多数同学倾向于吃学校的午餐，其中比萨最受欢迎。 2.自带午餐的学生不多。 3.与比萨和三明治相比，我班喜欢墨西哥卷饼的同学偏少。	虽然学生们喜欢吃比萨，但他们选择比萨的另一个原因是比萨配有大家最爱的葡萄和饼干。

教学策略实施步骤

请使用以下3个步骤实施“推理法”策略。

1. 选择一份材料供学生评价，例如文字、照片、插图、条形图、媒体片段或其他解说材料。

2. 将学生们分组并指导他们创建一个类似表6.1的“事实和推论整理表”，列出直接信息并做出推断。

3. 请各组根据可信度将所有推论排序，并在图纸上列出他们认为最可信的三个推论，随后在全班讨论时进行分享。

其他形式

你可以使用策略28开展其他形式的教学。

- 可以提升难度，在表格中添加“观点”栏，让学生们填上对推断结果的反思。

- 使用策略27——提问法中的一种方案，让学生们根据他们的推论就相关主题或话题提问。

其他科目的教学示例

以下展示了讲授其他科目时使用策略28的示例。

- 语言艺术教师指导学生们分段阅读一则短篇故事。学生们每读完一段，需要回答一系列的问题，比如，你认为某个角色为什么会做出这样的决定？他下一步会做什么？学生们根据故事中的证据作答，并将推论记录在表格中。

- 科学教师发给学生们一张描述他们家乡未来10天天气情况的图表。学生们在整理表中记录事实，然后根据他们已知的当地天气情况以及天气如何影响日常决策做出推断。

- 在统计学单元中，数学教师指导学生们调查同学们最喜欢的运动。学生们记录事实，并利用所收集的数据做出推断。

- 在学习关于美国内战的单元时，社会研究教师指导学生们研究战前南北差异的统计数据，包括人口、农场面积、农场土地价值、铁路里程、工厂和银行资本存量。学生们分析史实，并对地区之间的差异进行推断。然后学生们在“观点”栏写下如何利用这些信息成功地领导北方或南方的建议。

- 人文学科教师指导学生们调查本班同学最喜欢的音乐类型或最喜欢的舞蹈风格。学生们记录并利用所得数据推断同龄人的艺术品味。

策略29

案例分析拼图

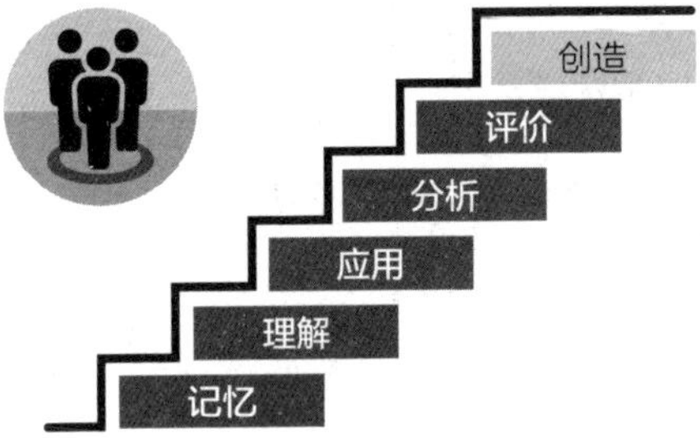

“拼图法”是一种合作性学习策略，鼓励学生们高度参与课堂活动，因为该策略把涵盖内容较广的整堂课分成几个小部分，各学习小组只需先完成其中的一个部分，之后再与其他小组分享新知识，直到每个小组都理解了整张拼图的每个部分。**“案例分析拼图”**策略对传统拼图策略稍加改良，鼓励学生们针对引发热议的问题探索不同的观点。学生们阅读背景资料，同时从某一个角度分析问题。然后，他们会从自己的角度阐述想法。最后，学生们就论点、解释和假设的有效性做出分析。

课堂示例

小学阶段的一个班正在学习关于作家凯文·亨克斯的单元。教师把全班分成6组，并给各组分别发放一本不同的亨克斯的书。各组分析并记录所得书中常见的写作和插图风格。然后，每组各派一名成员与其他小组的代表分享所得结论。最后，全班集体学习，找出亨克斯所有出版物的共同特征。

教学策略实施步骤

请使用以下6个步骤实施“案例分析拼图”策略。

1. 选一个可以让学生们从不同角度进行分析的主题。

2. 找到可以用来培养独特视角的阅读材料或其他内容，确保每个小组都能从较为广泛的话题中找到一个重点来消化学习。

3. 为学生们提供更广泛的话题和案例来进行研究。例如，你可以播放一段视频，朗读一首诗，或展示一个解释主题背景的时间轴。

4. 将全班分成几个人数相同的学习小组，并为每组指定不同的视角。告知各组学生他们都须成为相关视角的“专家”。为学生们提供成为“专家”所需的其他信息或资源，并留出10分钟供小组讨论。（也可以给各组更多的时间准备具有说服力的演示材料。）

5. 重新分组，使每个新小组中都有代表相关观点的“专家”。给学生大约20分钟的时间在新的小组中分享自己所持观点的优势。之后由小组成员向分享者提问，以澄清立场，或对论点、解释、假设、信念或理论加以验证。

6. 就学生们从每个观点中学到的内容以及每个论点的优势组织课堂讨论。

其他形式

你可以使用策略29开展其他形式的教学。

- 重新分组且小组讨论结束后，除了组织全班讨论外，还可以让学生们回到原有小组分享新的想法。
- 要求学生们根据另一视角写一篇文章，该视角应当与你分配给他们的观点不同，以此作为该项课堂任务的总结评估活动。

其他科目的教学示例

以下展示了讲授其他科目时使用策略29的示例。

- 在关于诗歌的单元快要结束时，语言艺术教师将学生们分成3人组或4人组，并给每组发一首互不相同的诗歌。各组分析完诗歌后，全班重新分组，并以新的小组为单位分享各自的诗歌赏析。
- 科学课上，教师创设场景：某城市打算建造一座桥。教师给各组分发可采用的桥梁造型或已建成桥梁的设计图。各组须找出本组设计图的优点，并向其他小组展示和说明。
- 数学教师将学生们分成若干“专家小组”，并指导各组研究解决实际数学问题的不同方法。学生们分组验证方法是否正确，并讨论解题过程是否最为高效。重新分组后，新成员依次分享分析结果，之后选出最佳分析案例。
- 社会研究教师将学生们分成不同的“专家小组”，并让他们学习和分析一个大量移民到美国的主要民族（如墨西哥、爱尔兰或日本）。每组需开展研究，并写一段有说服力的论述，证明为何他们负责分析的民族对美国文化的影响最大。

- 音乐课上，学生们正在参与竞选，希望自己组的作品能够在庆祝新的社区音乐厅落成的晚会上被演奏。教师要求各组创作一首主题曲，然后重新分组，让学生们各自证明为何他们组的作品最能代表所在社区。

策略30

思考—分组—分享连续体

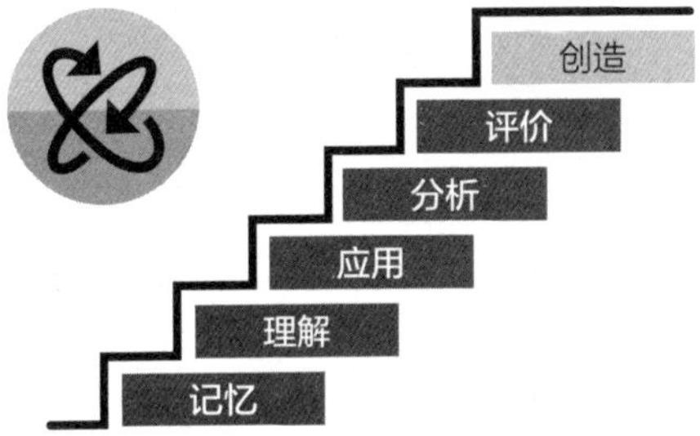

“思考—分组—分享连续体”策略使得学生们有机会就某个问题思考自己的个人观点，同时使用证据支持自己的立场。这里的连续体指的是不同观点组合而成的整体。连续体可以通过以下形式表现：在教室的墙壁上贴几张纸，上面标注对观点的赞同程度。学生们可以亲自站到连续体中的特定位置上分享观点。这一教学策略可以给学生提供机会在教室里走动，还可以对每个学生的观点进行视觉呈现。

课堂示例

阅读完一篇关于在学校禁止使用手机的挑战的文章后，教师请学生们就小学生是否应该在学校使用手机发表自己的观点。教师解释说，在教室前面有一个连续体，从“强烈同意”开始，其次是“有点同意”“有点不同意”，然后在最远的角落处是“强烈不同意”。学生们将观点、理由和证据记在纸上之后，便去站到连续体中与他们的判断一致的位置上。站到一起的学生组成一组，讨论他们的推理，同时记录下其他人提到的新想法。之后的全班讨论中，每组派出代表讲解他们所持观点背后的原因。

教学策略实施步骤

请使用以下7个步骤实施“思考 — 分组 — 分享连续体”策略。

1. 从历史文献、文学作品、时事新闻、煽动性的陈述或其他信息文本中找出一个颇具争议的话题。

2. 介绍所选话题，并向学生们解释教室中的连续体。连续体的两头分别代表针对所选话题的两个截然相反的立场的两极（“非常同意”和“非常不同意”）。

3. 让学生们思考并选择在连续体中的站位。让学生们把想法记录在纸上，同时给出若干理由和证据对自己所持的观点加以支撑。（此步骤为本策略的“思考”环节。）

4. 让学生们起身，站到连续体中代表自己观点的位置附近。

5. 请学生们从附近找两到三名同学，并一起分享选择站在这个区域的理由，同时记下所有新观点或新证据。（此步骤为本策略的“分组”环节。）

6. 组织全班讨论，请每个区域推选一名代表，给代表们一些时间发表具有说服力的演讲，引用小组收集到的一切证据阐述其立场。（此步骤为本策略的“分享”环节。）

7. 如有学生提出的证据说服了他人改变自己的立场，则允许被说服者转移到连续体上的相应位置。

其他形式

你可以使用策略30开展其他形式的教学。

- 为了训练学生们在不受自己想法的影响下提出论据，让他们抽签决定就某个问题所持的立场。然后，持相同立场的学生们分组讨论支持自己立场的论据。
- 运用该策略开展事前或事后评估。例如，可以使用连续体调查学生们对当天教学主题的了解情况。连续体的一端代表“我对此十分了解”，另一端代表“这对我来说是全新的领域”。

其他科目的教学示例

以下展示了讲授其他科目时使用策略30的示例。

- 语言艺术教师向学生们讲到，法国小说家居斯塔夫·福楼拜曾经说过：“写作的艺术是发现你到底相信什么的艺术。”教师要求学生们按照对此说法的同意程度站到连续体的相应位置上。
- 科学教师询问学生们是否认为社会应该允许克隆人类，并要求他们根据自己的想法站到连续体的相应位置上。
- 数学教师要求学生们检查一名往届学生关于一道概率题的解题过程，学生们在前一天刚做完同一道题。教师要求学生们判断往届学生是否使用了有效的做题策略，并据此站到连续体的相应位置上。学生们必须举证支持自己的观点。
- 社会研究教师让学生们观看一段关于社交媒体的社会影响的视

频，并要求学生们判断社交媒体是否有完全正面的影响或负面的影响，并据此站到连续体的相应位置上。学生们必须举证支持自己的观点。

- 职业规划教师问学生们："所有的学生都应该上大学吗？"之后学生们根据自己的想法站到连续体的相应位置上。他们必须用理性的观点支持自己的立场。

策略31

制定决策

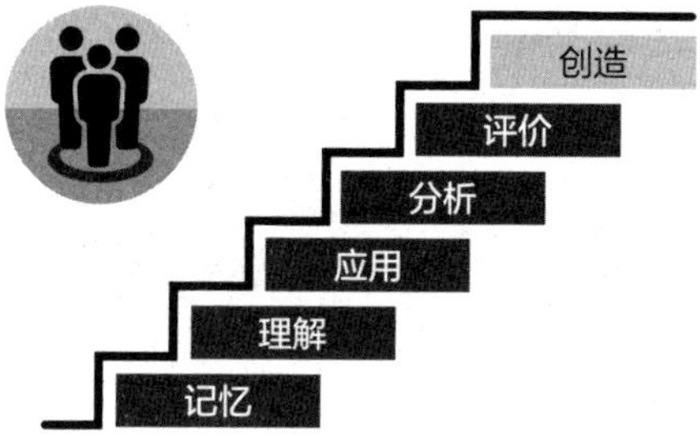

“制定决策”是一种要求学生们在参与现实生活的思维活动时，使用较高认知层次进行思考的教学策略，他们根据教师提出的问题、情形或困境进行评估，并选出最佳方案。表6.2中的整理表举例说明了学生们可以如何展示他们的思维。学生们通过参与这一策略，学习如何以周密的方式在现实生活中制定决策。该策略鼓励学生们在集思广益，想出尽量多的方案时发挥发散思维，并在选择最佳方案时发挥聚合思维。该策略还能使学生们以自己喜欢的方式学习——与同学一起讨论并就话题表明各自立场。

课堂示例

新学期伊始，教师要求学生们以小组为单位思考出一条班训。看过几个班训的例子后，学生们在一次课堂讨论中，提出了有效班训的关键要素：激励人心、短小简洁和容易记忆。各组学生自由讨论，集思广益，在图纸上写出可能的方案。每个小组选出自己认为最好的一条班训并向全班同学展示。学生们使用整理表（参见表6.2），评估每条班训在何种程度上符合这三个标准。在所有小组做完报告后，学生们查看笔记，记录排名，并选出最佳班训。

表6.2　决策制定整理表

班训	激励人心	短小简洁	容易记忆	排名
1	它激励我们努力学习，决不放弃。	它只有12个字——非常短小简洁。	这条班训虽然容易记忆，但是没有其他班训那么“酷”。	2
2	所有文字都很积极，概括出我们希望成为的人。	它是四个单词的首字母缩写。	使用“SWAG”的缩写，非常容易记忆。	1
3	它说出我们应当采取的措施，但对于低年级学生来说，似乎要求太高。	它有20个字——太长，不容易记忆。	它看上去更像是一系列班级规则。	3

教学策略实施步骤

请使用以下6个步骤实施“制定决策”策略。

1. 集体讨论一个开放式问题、真实场景或困境，让学生们想出多个可接受的答案并解释理由。

2. 让学生们评估教师提出的一个选项，确定它在哪些方面是“最重要”“最有影响力”“最本质”“改变最大”或“受影响最大”的。如果可行，使用真实场景，并选择学生感兴趣的任务，提高他们完成任务的积极性。例如，在所提的三种特质中，哪一个对伟大的领导者来说是最重要的特质？

3. 让学生们以班级（或小组）为单位制定必要的标准来评估答案。这可能需要他们做一些研究来决定使用哪些标准。例如，在第2步中，学生们可能会发现，评估一名领导者的最佳标准是根据他/她的人道主义工作、持久的影响力、创新或任何其他方面。

4. 让学生们集思广益，想出3到6个符合他们所选择标准的可行主题、概念、策略等，并进行研究。在领导者的例子中，学生可以根据这些标准，列举出对世界产生重大影响的领导者。

5. 让学生们使用一个如表6.2所示的整理表评估每个选项，确定出每个选项在何种程度上符合选定的标准。然后学生根据这些标准为每一选项排名。

6. 决定你希望以什么方式评估学生们的成果。例如，可以让他们提交一个整理表，或者让他们使用这一整理表进行一场课堂讨论。学生们还可以利用他们的整理表写一篇表达个人观点的说服性文章，或做一次课堂报告，为他们的最高排名辩论。

其他形式

你可以使用策略31开展其他形式的教学活动。

- 让学生们扮演一个历史上的人物或群体（或以其他与主题相关的方式），然后使用决策制定整理表来评估他们作为那个人物或群体是否会做出相同的决定。例如，询问学生们："如果你们是伊莎贝拉女王和斐迪南国王，你们是否支持哥伦布的旅行？”然后由学生们制定标准，并集体讨论不同选择。

- 为了帮助不同年龄段、不同能力水平的学生，你可提供标准或选项，只需让他们在整理表中进行评估和排名。

- 通常在现实生活中制定决策的时候，某个标准往往比其他标准更加重要。对于能力较强的小组，可以让学生们为某些标准赋予更大的权重。例如，学生会正在考虑什么是最佳的筹款方式，学生们可以在筹到钱的可能性、创意和时间花费等方面制定标准。但是，他们在评估排名时会认为筹到钱的可能性是最重要的标准。

其他科目的教学示例

以下展示了讲授其他科目时使用策略31的示例。

- 语言艺术教师向学生们描绘一个场景——假设他们正在为一家图书公司工作，必须选择一本首次出版时间距今50年以上的书来出版。这本书不可以广为人知，但是必须对现代年轻人市场有吸引力。教师指导学生们如何查找可选的文学作品，以及评估这些书的标准。然后学生准备一场说服性报告，建议公司总经理选择他们的书。

- 科学教师提出“什么动物最适合作为班级宠物”这一问题。然后，学生们制定标准，并列出3到6种动物进行评估。然后他们运用决策制定整理表来评估哪种动物最适合。

- 数学教师向学生们描绘一个场景——假设他们是一支职业篮球队的管理层，必须对6名球员的发展前景进行统计，并选择一名他们希望签约的球员。教师指导学生们确定球员和制定标准，然后对球员进行评估和排名。

- 社会研究教师让学生们评估第一次世界大战中的哪一位领导人对世界影响最大。教师指导学生们选出一些领导人作为评估对象并制定评估标准。

- 人文学科教师问学生们哪位作曲家、视觉艺术家或舞蹈家对世界的影响最大。教师指导学生们制定评估标准，并选择3到6位对艺术做出历史性贡献的人进行评估。

策略32

同学互评

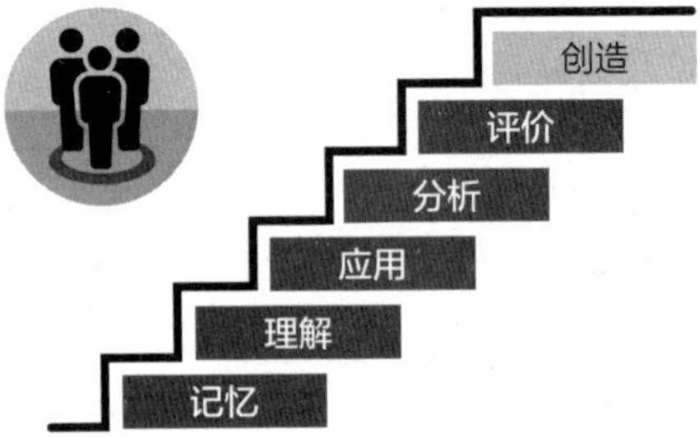

“同学互评”指学生们与其他同学分享他们的作品，以寻求有建设性的反馈的过程，之后他们可以利用这些反馈修改和完善他们的作业。这一过程是评价层次的核心。同学反馈不仅为学生们提供从别人的成功和错误中学习的机会，也是一种促进深度学习的方法，因为学生们会评估同学是否完成任务目标。你也可以使用同学互评为学生作品提供形成性反馈，继而在对学生作品进行总结评分之前提升作品质量。

虽然同学反馈通常用在语言艺术课的写作上，但你也可以将其用于许多其他领域，包括演示文稿、播客和网站创建等项目，以分析数学运算过程、科学结论和解释政治漫画。同学互评可以促进学生合作，提升高层次思维，这是学生在学习中不可或缺的能力。

课堂示例

科学教师要求学生们设计一辆重力驱动的赛车，目标是要让它成为赛道上最快的赛车。全班同学确定出各组在造车时必须考虑的三个主要标准。首先，学生们使用在线模拟程序设计汽车。然后，各组在班上展示他们的作品，并听取同学们的反馈，之后再做出赛车原型，在赛道上测试。

教学策略实施步骤

请使用以下8个步骤实施“同学互评”策略。

1. 确定学生们必须完成和评估的任务，以及评估任务完成质量的标准。

2. 设计一个适合学生年龄水平的同学互评任务表。年龄较小的学生（学龄前至三年级）可能需要更多包含图形的表单，让他们可以用画圈的方式评估质量水平；小学高年级学生和中学生可以记录一些评判依据。对于这些学生，可以提供一个区域用于记录建设性反馈。考虑将此区域称为“星星和愿望”或“奖章和任务”。在“星星”或“奖章”区域，学生们可以记录某些优点，在“愿望”或“任务”区域，他们可以列出明确的改进方法。

3. 为学生们示范如何进行同学互评。确保全班同学明确理解评估标准和任务。指导学生们如何写评论。同学反馈应当包含赞扬和改进建议。反馈应该是具体的（“你能编辑一下第一页上的图片，以使其匹配标题吗？”），而不是模糊的（“你能编辑一下图片吗？”）。反馈还应当是有用且善意的。学生们应当知晓提供周到和有建设性的反馈的重要性。

4. 使用一个匿名的例子进行训练，并让学生们练习如何提供反馈，以便你可以确认他们能打出可靠的分数并理解这一过程。

5. 学生们完成作业后，将他们分成若干同学互评小组，并向他们发放同学互评任务表。学生们应当独立在任务表上打分。

6. 让学生们与进行互评的同学分享反馈意见。他们应当讨论对方提出的任何问题。你可以考虑为学生提供反馈句子的开头，以便他们能够在评论区域有效地表达自己的想法（参见表6.3）。你可以让学生通过以下方式提供反馈：（1）首先给出正面的评论，（2）提出关于作业的问题，（3）给出有效的建议。

表6.3　反馈模板表

说出你喜欢的方面

- 我非常喜欢你________________的方式
- 我喜欢________________

提出问题

- 我想知道________________
- 你为什么________________
- 我有点不明白________________

给出建议

- 你可以在________________方面再多写一点或扩展一点吗？
- 你是否在________________方面需要帮助？
- 也许你可以想出更好的方法来________________
- 你觉得添加________________怎么样？

7. 给学生们提供一些时间根据同学反馈修改他们的作业。你所提供的时间应当根据作业的性质来决定。

8. 学生们应提交同学互评表和作业的终稿。他们应当醒目地标出自己根据同学互评进行的修改，以便明确显示他们如何使用反馈来改进作业。

其他形式

你可以使用策略32开展其他形式的教学活动。

- 让学生们通过在线工具提供反馈。许多强大的应用程序，包括谷歌文档和微软文档，都具有历史记录功能，你可以查看文档在何时做了什么修改。此外也可以尝试使用免费的数字工具Kaizena，作为学生（和你）提供文本和音频反馈的一种方式。

- 年龄较小的学生可以使用“星星（优点）”和“阶梯（下一步该做什么）”或“愿望（作品改进建议）”标签贴纸进行反馈。学生还可以选择画出笑脸表情（否定、微笑或兴奋）来表示他们的评估（参见图6.1）。

- 你可以修改此策略，将其用于自我评估，而非同学互评。在约翰·哈蒂对138个影响学业成就的因素的研究中，学生的“自评成绩”拥有最大效应量——比平均效应量高出3倍以上。当学生们对自己的学习情况进行自我评估时，他们可以学习设定目标来提升自己。在课堂结束时，提醒学生们记住学习目标，之后他们可以使用同学互评工作表（或你专门为此改编的工作表）来评估自己是否完成了学习目标。

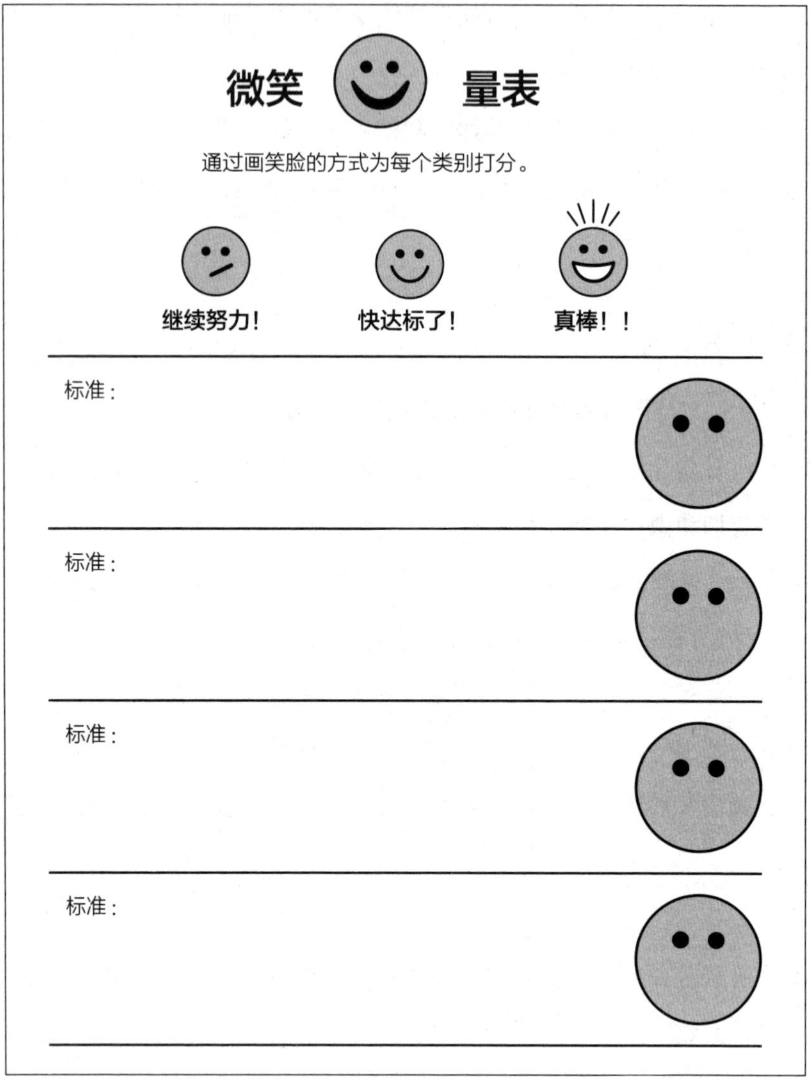

图6.1　同学互评的微笑量表模板

其他科目的教学示例

以下展示了讲授其他科目时使用策略32的示例。

- 语言艺术教师让学生们使用作业清单或列有作业期望（例如条理、构思、语言和词汇等）的量表，来确定另一个学生写的说明文是否有任何缺失或不清楚的部分。

- 科学教师指导学生们绘制一幅植物的科普图（附带注释的）。然后，教师让学生们使用“包括奖章和任务的同学互评表”来评估其他同学是否完成了各项指标。完成后，将该同学的作业和同学互评表传给下一位同学进行评论。

- 数学教师指导学生们使用“包括星星和愿望的同学互评表”来评估其他同学的复杂数学问题作业，以提供反馈。

- 社会研究教师让学生们与一名同学结伴练习一场口头报告。教师指导学生们使用一份口头报告量表来评估对方的报告并提供反馈（参见表6.4）。该量表允许学生们在观看报告后打出自己的评分，并向同伴提出两处优点和一处有待改进的地方。

- 体育教师要求学生们对自己的课堂表现进行评估。教师让学生们使用表6.5中的自我评估表，来评估他们在何种程度上满足本学季的各项指标。

- 乐队指导教师指导学生们为他们准备在音乐会上演奏的乐曲录制一段视频或音频。教师为学生们提供一个量表来评估他们的整体表现和个人表现。学生们必须评估他们是否达到了期望，以及他们在最终演奏之前必须做出哪些改进。

表6.4　口头报告评估量表

仔细考虑演讲报告的每条要求，并判断（通过圈出微笑符）该同学在这方面是有待改进、达到期望（良好）还是超出预期（优异）。

	有待改进	良好	优异
声音洪亮，吐字清晰			
良好的语言表达能力			
使用眼神交流			
使用手势			
使用视觉辅助			
请描述本次报告的两处优点	1.______ ______ 2.______ ______		
请描述本次报告一处需要改进的地方			

表6.5　体育课自我评估表

对自己的课堂表现进行评估。说出自己在何种程度上满足本学季的各项指标并提供证据。	
指　标	**评　价**
遵守指示，有体育精神并做出积极贡献	
无论任何活动，总是始终如一地保持努力状态	
总是为上课做好准备	

策略33

全方位进行评估

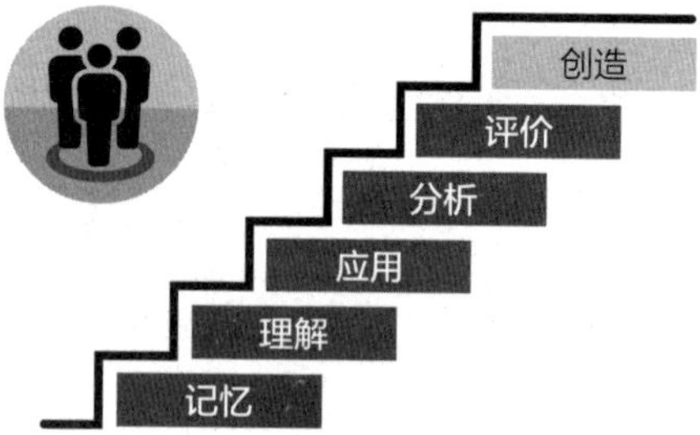

通常情况下，很多信息都带有偏见或潜在假设，因此学生们必须有辨识能力，才能判断来源是否可信。在现今世界，网络上充斥着各种各样的信息，各种材料中通常有一些不太可信的信息。这就是为什么评估信息的能力对于布卢姆分类法（修订版）的分析和评价层次至关重要。作家和励志演讲家李·渡边-克罗克特更是高度重视这些技能，认为这些技能是达到信息通晓所不可或缺的要素。如果想要实现信息通晓，学生们需要使用李·渡边-克罗克特所说的“五A法”：（1）提出有意义的问题（ask），（2）获取背景信息（acquire），（3）分析信息的相关度与可信度（analyze），（4）将这些信息应用于他们的作业（apply），（5）评估这一应用的效果（assess）。通过使用**“全方位进行评估”**策略，你可以帮助学生们做好准备，以评估他们所查阅的信息的质量，无论这些信息是来自网络、他们的亲友还是教师。

课堂示例

教师让学生们观看一则广告，并查阅与减肥计划营销相关的资料。教师将学生们分为 4 人一组的“专家小组”，并为各小组编号，然后为每个小组分配一个评估减肥计划可信度的问题供其研讨。研讨结束后，教师将学生们重新分成几个新的“家庭小组”，其中每个成员都作为其原来所在“专家小组”的代表。然后每个成员分享自己的问题和研究结果。最后，全班同学共同辩论这个减肥计划是否可信。

教学策略实施步骤

请使用以下7个步骤实施“全方位进行评估”策略。

1. 选择适合的文字材料、网站或媒体，确保学生们有能力评估其质量和可信度。

2. 根据学生们的能力水平和你想要的小组数量，从下列问题中选出 3 个或 3 个以上的问题供学生们思考。（每个小组负责回答其中一个问题。）制作一份带编号的问题清单发放给学生们，并提供记录证据的空白区域。

- 作者或发言人是否在这段信息中实现了他们的目标，或有效解决了问题？
- 信息是否符合逻辑、切题且论据充足？
- 作者是否根据推理得出了恰当的结论？作者的解释是否准确？
- 潜在假设是否符合逻辑？

- 这一问题还有其他哪些方面是应该考虑的？
- 还能以其他哪些方式研究这些信息？

3. 让学生们阅读或观看信息来源。

4. 让学生们报数，将他们分成若干“专家小组”（根据你的问题数量来决定小组数量）。例如，如果你选择了4个问题，则应当分4个小组。报出相同数字的学生组成一个小组。

5. 要求每个“专家小组”讨论各自的问题。学生们应当罗列证据来证明或反驳信息来源的可信度，并将这些证据整理好，之后与其他同学分享。

6. “专家小组”研讨结束后，成立“家庭小组”讨论所有问题。每个“家庭小组”应当有来自各个“专家小组”的代表。学生用手指表明他们的问题编号，保持站立，直到每个“家庭小组”都有一名来自各个不同“专家小组”的代表为止。随后，每个小组成员依次分享自己对每个问题的想法并讨论这些问题。学生们应当记下这些想法。

7. 全班同学共同辩论这一信息来源是否可信。

其他形式

你可以使用策略33开展其他形式的教学活动。

- 要求“专家小组”准备一个与他们的题目相关的问题，并向“家庭小组”的每个成员提问。

- 除了使用“教学策略实施步骤”部分的问题，还可以让小组使用如表6.6所示的问题，这些问题基于“RADCAB法”［RADCAB是reliability（可信度），appropriateness（适合度），detail（细节），currency

（时效），authority（权威性），bias（偏见）这几个单词的缩写］，以分析信息来源在某一方面的可信度。

表6.6 用于衡量可信度的有效问题

可信度 •该信息是否可以从其他来源核实？ •该信息是否合理可信？	**适合度** •我是否理解该信息来源的内容？ •该资料是否适合我的年龄，是否符合我的价值观？
细节 •该信息是否详尽、有深度？ •它是否正确引用了其他可信的资料？ •所有的事实和数字是引用其他资料还是直接来自作者自己的作品？	**时效** •该信息是何时发布的？ •自从最近一次更新以来，是否发生过与该话题相关的重大事件？
权威性 •作者是谁？ •作者具有哪些资质？这些资质是否与话题相关？ •这一资料的出版商是哪一家？	**偏见** •写作是否客观、不带有个人偏见？ •作者或出版商是否在尝试推销某种东西？ •你自己对此话题有什么偏见？ •作者是否知晓不同的意见并对这些意见进行反驳？

其他科目的教学示例

以下展示了讲授其他科目时使用策略33的示例。

- 语言艺术教师指导学生们查看两个关于说服性议题的网站并评估每个网站的可信度，以评估他们运用论点、理由和论据分析观点的能力。

- 科学教师指导学生们研究一份实验报告并评估其结论是否准确。教师将学生们分成若干“专家小组”来研究每条具体结论，然后让他们到“家庭小组”进行最终评估。

- 数学教师指导学生们看一道数学问题的解决方案。教师让学生们在“专家小组”中评估给出的解决方案或若干可选解决方案中的其中一个。在“家庭小组”中，学生们讨论他们的发现，并就哪个是最佳方案得出结论。

- 社会研究教师与学生们一起选择一篇美国独立战争时期的政治演讲稿，并研究其可信度。教师成立“专家小组”以探讨每个问题。然后不再成立“家庭小组”，而是由每个“专家小组”与全班分享他们的想法，然后全班投票判断信息来源是否可信。

- 音乐教师指导学生们分析两个关于作曲家斯蒂芬·福斯特的网站。学生们分成几个“专家小组”评估每个网站在不同方面的可信度，然后在“家庭小组”中分享他们的结论。

策略34
调　查

“调查”策略可以使学生们详细地研究主题。调查时间可能很短，学生们可以在一节课的时间内找到相关信息并得出结论；调查时间也可能较长，情况较复杂。通常，最好的调查都是从问题开始。在《提问的力量》（*The Power of Questioning*）一书中，小学科学教师朱莉·麦高夫和丽莎·尼伯格详细介绍了如何在一项调查中使用有效的问题来帮助积累知识。例如，一项调查可以通过提出一个简单的问题，来探索某一情形的原因或影响，例如，校园欺凌的原因是什么？学生们可以用“如果……，将会发生什么”这样的问题做出预测。调查可能包括解释概念。例如，问：“环境保护对我们社区的意义是什么？”此外，调查可以把重点放在探究性问题上，例如，为什么学生合作很重要？它也可以聚焦于利弊问题，例如，我们是否应该在学校的课程表中增加额外的休息时间？

在开始实施“调查”策略时，你必须提出一个问题供学生们调查，并提供几个信息来源。之后，学生们必须针对这一问题提出论点，进行调查，并根据他们的研究发现得出结论。

课堂示例

在黑板上，教师写道："是否古代恐龙的所有身体特征都对它们的生存很重要？"然后教师解释说，在调查过程中，学生们需要针对这一问题提出论点。学生们从这个问题中总结出一个论点：身体特征对于动物的生存很重要。

教师解释说，学生们应当进行研究，找到相关信息来证明或反驳他们的论点。教师提醒道，学生们可能会发现矛盾点或困惑点。在全班同学对其中一些困惑点进行讨论之后，学生们提出几个他们总结出的与论点相关的结论，例如，"适应通常发生在很长一段时间内，帮助动物生存。"

在对这一过程进行示范后，教师可以为学生们提供几个其他的信息来源，并提供一个整理表来记笔记。学生们单独汇总自己的研究并得出结论。在填写完整理表后，学生们再分组讨论矛盾点或困惑点，并共同合作来完善他们的结论。

教学策略实施步骤

请使用以下6个步骤实施"调查"策略。

1. 选择一个问题供学生们调查，然后示范你希望他们使用的4步调查过程：(1)提出论点，(2)研究相关信息，(3)找出信息来源中的矛盾点、困惑点或逻辑错误，以及(4)根据论点、收集的论据和任何困惑点或矛盾的信息得出结论。

2. 选择有趣的题目提供给学生们。确保这些题目需要学生们超越事实层面进行思考。如果学生们能直接从信息中找到答案并总结这些事实，那么这一过程将属于布卢姆分类标准（修订版）的理解层次范畴，而不是教师希望达到的评价层次。一些题目的句式如下：

- 为什么会发生这种情况？
- 请对……表明立场。
- 如果……，将会发生什么？
- ……的主要特征是什么？

3. 让学生们以小组形式自由讨论，集思广益，提出与题目相关的可行论点，并选出最佳论点。

4. 然后，学生们应当使用适合的资料来调查和支持他们的论点。如果教学对象是小学生，你可能需要提供几种不同的研究材料供其选择。如果教学对象是中学生，你可以允许他们更自由地查找资料。在学生讨论期间，你可以在教室中巡看，确保他们有足够的论据来充分支持论点，并使用如表6.7所示的整理表记录笔记。

表6.7　调查整理表

观点	
研究	
矛盾点或困惑点	
结论	

5. 学生们填写完整理表后，让他们分组讨论，研究材料中的困惑

点和矛盾点。

6. 指导学生们与小组成员一起完善他们的结论，解释为什么他们认为自己的研究可以证明或反驳这一论点。注意避免在学生们填写结论时提供过多帮助，因为他们可能只是记录你的想法，而没有形成自己的想法。

其他形式

你可以使用策略34开展其他形式的教学活动。

- 除了让学生们在一节课或一周的时间内完成调查，还可以让他们自己选择更复杂深入的调查，在整个学期或整个课程期间完成。全班应当使用统一的调查主题。

- 让学生们使用数字表格提交他们的论点、研究、矛盾点和结论，进而从你那里获得形成性反馈。你也可以让学生们使用谷歌文档等工具分享数字文档，允许其他小组填写反馈意见。

其他科目的教学示例

以下展示了讲授其他科目时使用策略34的示例。

- 语言艺术教师问学生们："是否所有的故事都有英雄？"教师让学生们就这个问题提出论点，并进行必要的研究来证明或反驳他们的论点。

- 科学教师问学生们，"如果赛车队为赛车更换上更光滑的轮胎，会发生什么？"然后，教师让学生们对这个问题提出论点，并进行必要的研究来证明或反驳他们的论点。

- 数学教师提出这一问题：古代数学家能否教高中数学？然后，教师让学生们对这个问题提出论点，并进行必要的研究来证明或反驳他们的观点。

- 社会研究教师问学生们："我们的社区有哪些主要特征？"然后教师让学生们对这个问题提出论点，并进行必要的研究来证明或反驳他们的论点。

- 音乐教师问学生们是否所有音乐都包含以下音乐元素：曲式、旋律、和声、音色、节拍、节奏和织体。然后，教师让学生们对这个问题提出论点，并进行必要的研究来证明或反驳他们的论点。

策略35

评估作者的推理

在布卢姆的分类标准中，分析层次的归因认知过程侧重于辨别偏见、观点和假设。**“评估作者的推理”**策略通过回答与作者观点有关的问题，帮助学生们分析信息来源的真实性。为确保学生们有平等的机会进行分享，你应该随机叫一个编号，并让有相同编号的学生站起来分享他们的想法。

课堂示例

学生们阅读文章《当今是否存在“昭昭天命”的观念?》（*Existence of Manifest Destiny Today?*）。然后，教师将学生们分成人数相等的小组，并为每个组员分配一个从1到4的数字编号。学生们使用整理表来确定文章的目的、问题、信息、概念、假设、推论或结论，以及文章观点。在小组讨论结束并填写完整理表后，教师从1到4中随机选择一个数字，并要求每个小组中拥有该编号的学生站起来分享他们小组对文章目的的想法。在这些学生向全班同学分享完他们的想法后，教师选择另一个数字并重复这一过程，直到全班同学讨论完整理表的所有部分。

教学策略实施步骤

请使用以下4个步骤实施“评估作者的推理”策略。

1. 选择一份包含作者观点、偏见或假设的文字材料。

2. 让学生们阅读文字材料，然后将学生们分成人数相等的小组来填写整理表，分析作者的推理。小学生可以使用如表6.8所示的整理表，表6.9中的整理表更有挑战性，适合中学生做更深入的研究。

表6.8　使用初级整理图评估作者的推理

小组成员姓名	____________
文章名称	____________
论点	• 作者的论点是什么？ ____________
理由和论据	• 有哪些理由和证据支持这一论点？ ____________
说服力	• 论据是否有说服力？为什么？ ____________

表6.9 使用中级整理图评估作者的推理

小组成员姓名	________
文章名称	________
目的	•作者的目的是什么？ ________
问题	•文章回答了什么问题？ ________ •问题是否客观公正？请解释原因。 ________
信息	•文中所呈现的最重要的信息是什么？ ________ •该信息是否与问题相关且准确？请解释原因。 ________
概念	•支持作者推理的基本概念是什么？ ________ •作者是否在必要时澄清其观点？ ________
假设	•作者的假设是什么？ ________ •作者如何确认这些是假设？ ________ •作者是否提出了任何不合理的假设？ ________
推论或结论	•作者得出了什么重要的推论或结论？ ________ •这些推论或结论是否与所呈现的信息有清晰的关联？请解释原因。 ________
观点	•作者如何看待其他观点？ ________ •作者如何处理其他观点的潜在反对意见？ ________

3. 为各小组的每个组员分配一个数字编号。例如，如果每个小组有4名组员，可以让组员们从1到4报数。

4. 随机叫一个数字编号。拥有该编号的学生站起来。让这些学生在班上分享他们小组对整理表第一部分（论点或目的）的想法。重复此过程，让各小组依次分享他们对其他部分的想法。

其他形式

你可以使用策略35开展其他形式的教学活动。

- 让学生们将阅读材料与另一信息来源进行对比，找出两者之间的不同。
- 让学生们用相似的方法分析媒体片段，例如新闻片段、访谈或纪录片。
- 指导学生们使用他们记录在整理表中的笔记，写一篇作文讨论信息来源的真实性。
- 在第4步中，除了让学生们单独表达观点，还可以让全班同学共同讨论信息来源的真实性。

其他科目的教学示例

以下展示了讲授其他科目时使用策略35的示例。

- 语言艺术教师指导学生们阅读一篇关于当地公园翻修提议的社论，并使用整理表评估作者的推理。
- 科学教师指导学生们阅读一篇关于宇宙大爆炸替代理论的文章并使用整理表对作者的推理进行评估。

- 数学教师指导学生们阅读一篇关于记住速算口诀摒弃计算器的学生作文，然后使用整理表评估这名学生的推理。
- 社会研究教师指导学生们阅读一篇讨论美国在1846年与墨西哥开战是否合理的文章。教师让学生们使用整理表评估作者的推理。
- 人文学科教师指导学生们阅读一篇关于社区中近期一场演出的评述性文章。教师指导学生们使用整理表评估作者的推理。

策略36

媒体分析

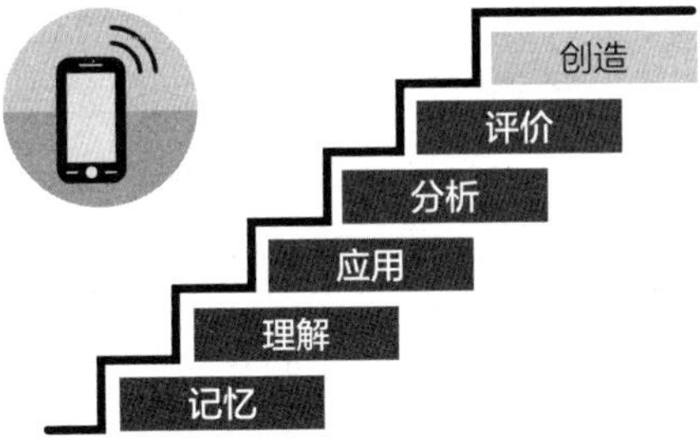

分析媒体信息对学生们来说可能有一定难度。通过**“媒体分析”**策略，学生们可以学会做一个有辨别能力的媒体消费者。教师可以利用学生们觉得有意义的探究性问题来实施这一策略。该教学策略的第一步是组织学生们观看一个多媒体文件，并提供足够的背景知识来激发讨论。之后问学生们一些关于作者、解释和信息可信度的问题，确保这些问题符合评价层次的“检查”这一认知过程。在这一认知过程中，学生会判断信息可信度，并对解释、假设和信念提出疑问。

课堂示例

在学习“说服”是作者目的的一种形式时，学生们观看了与近期选举有关的一则政治漫画。在讨论开始时，教师向学生们提出些探究性问题，然后又针对他们的回答提出一些问题，使讨论继续。

教学策略实施步骤

请使用以下6个步骤实施“媒体分析”策略。

1. 首先向学生提供多媒体文件，文件应当包含视频、音频或其他吸引观众的元素，同时还应当适合学生们的年龄并与教学目标相关。文件数量不要太多，因为相比对大量媒体文件进行粗浅的分析，深入了解几个视频片段或视频文件对学生们的帮助更大。

2. 花一些时间确定与该文件相关的背景信息和探究性问题。请思考这个问题：学生需要知道哪些背景信息才能解读这些文件？精心设计一些问题，使学生们可以用这些问题来分析媒体文件，并将其与学习目标联系起来。例如，你可以问学生们，“你对刚才的所见所闻有什么印象？谁想第一个发言？这个信息是关于什么的？”你也可以选择在开始时提出一些媒介素养方面的问题，例如，你认为这是什么人制作（创作）的？他们的目的是什么？以及，哪些人是目标受众？表6.10列出了一些你可以提出的其他媒介素养方面的问题。

3. 为学生们提供媒体文件的背景信息。指出活动的重点。

4. 让学生们使用你的问题来研究媒体文件，然后开始解读讨论。指导学生们提供证据来支持他们的论述。让他们思考这一问题：“你们从这份文件中观察到、听到或读到哪些支持你们想法的具体证据？”

5. 尝试继续向学生们提一些探究性问题，以揭示内容要点和观点。提出其他问题，以扩展、解释、揭示和澄清学生们的观点。你可以参考以下问题示例。

- **扩展**——“再多告诉我一些你的想法。你所说的____________是什么意思？”

表6.10 分析媒体信息时的关键问题

受众与作者	作者	•“这个信息是谁发布的？”
	目的	•“为什么发布这个信息？” •“哪些人是目标受众（以及你是如何知道的）？”
	经济	•“谁为此买单？”
	影响	•“这个信息可能对哪些人有利？” •“这个信息可能对哪些人不利？” •“为什么这个信息可能对我很重要？”
	反应	•“我可以采取什么样的行动来应对这一信息？”
信息与含义	内容	•“这个信息是关于什么方面的？为什么你这样认为？” •“它明确表示了什么想法、价值、信息或观点？暗指了什么？” •“这个信息中漏掉了什么可能需要注意的内容？”
	技巧	•“使用了什么技巧？” •“为什么使用这些技巧？” •“他们如何传达这个信息的？”
	解释	•“不同的人可能对这个信息有怎样的解读？” •“我对这个信息的解释是什么？我从我的反应或解释中学到了什么？”
描绘与现实	内容	•“这个消息是什么时候发布的？” •“它是在什么地方、以什么方式公之于众的？”
	可信度	•“这个信息是事实、观点还是其他？” •“它的可信度怎样？为什么你这样认为？” •“这些信息、想法或论断的其他来源还有哪些？”

- **解释**——“你会用哪些词来描述________________？你对此有什么感觉？”
- **观点**——“这个问题只有一种观点吗？为什么有人可能会说________________________？”

- **澄清**——“所以你是说________？你的意思是________吗？”

6. 总结学生们的发言，并在邀请其他人加入讨论时提供积极的反馈。可以问一些以下列出的问题。

- “其他人呢？还有其他要说的吗？还有其他人有不同的解释吗？”
- “我准备四处走动，让每个同学说一个词语来描述________。”

其他形式

你可以使用策略36开展其他形式的教学活动。

- 让学生们两人一组共同学习，促进学生们进行第4步中的讨论。向小组提供一个如表6.10所示的表格，让他们从中选择10个问题来回答，每个大类至少选两个问题。
- 将表6.10作为指导，让学生们互相提问，对信息来源进行讨论。

其他科目的教学示例

以下展示了讲授其他科目时使用策略36的示例。

- 语言艺术教师指导学生们根据“犯罪得不偿失”这一主题分析图片和视频。教师为学生们提供具体的问题，帮助他们确定和描绘主题。
- 科学教师指导学生们阅读一篇博客，具体内容是关于山顶移除的意见。教师让学生们回答关键问题，以确定文章、图片和任何嵌入视频的目的和来源。学生们分析这一媒体信息，找出文章中的固有偏见，然后确定他们对这个话题的看法。

- 数学教师指导学生们阅读一篇关于学生在课堂上使用计算器的网络评论文章。在分析文章中提出的观点和证据并回答教师的问题之后，学生们根据文章内容和个人经历，提出支持或反对学生在课堂上使用计算器的论点。

- 社会研究教师让学生们观看3场由他们自主选择的不同TED演讲。学生们回答两个关于分析媒体文件的关键问题，然后描述：（1）这些演讲有哪些相似之处，（2）他们是否同意演讲者的前提假设。教师指导学生们引用文字证据来证明他们的论断。

- 音乐教师指导学生们赏析作曲家埃里克·惠特克的虚拟合唱团演奏《金色之光》或《睡眠》乐曲片段的视频。教师向学生们提出以下问题：该作曲家在创作这些乐曲时的主要目的是什么？他是否达到预期？目标听众是哪些人？

策略37

互问法

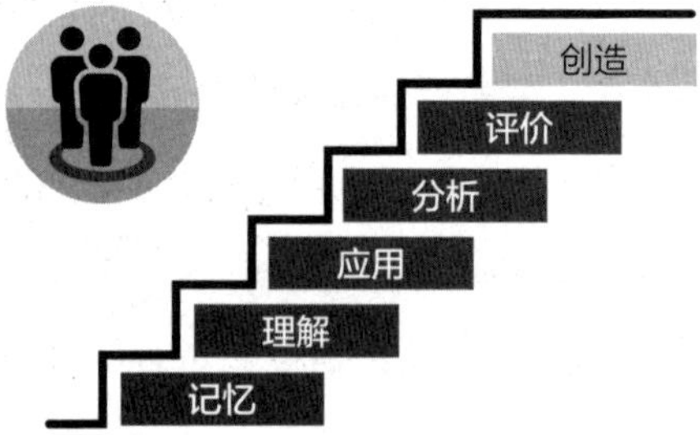

"互问法"是一种融合了互惠学习元素的教学策略，它可以引导学生们在阅读时提出并回答问题。使用此策略时，你可以将课文划分为若干较短的小节内容。在阅读完第一小节的文字后，学生们准备一些高级思维层次的问题向教师提问。读完下一节后，角色互换，教师向全班同学提出具有思考价值的问题。在此过程中，学生们可以通过一种全面的、经过验证的探究性阅读方式积极参与到课文学习中。

课堂示例

学生们默读萨拉·乔多士的文章《我们仍然不知道狗来自哪里》(*We Still Don't Really Know Where Dogs Came From*)的前几个段落。教师提出一些具有思考价值的问题，包括"迁徙如何影响狗的驯化？"和"人们希望狗拥有什么特征？"，学生们分组讨论每个问题，然后教师挑选几名学生分享他们的想法。全班同学阅读文章的其他部分。这一次角色互换，学生们根据阅读内容向教师提出具有思考价值的问题。为帮助学生们，教师可以为他们提供一个问题列表。

教学策略实施步骤

请使用以下8个步骤实施“互问法”策略。

1. 选择阅读材料，将阅读材料划分为几个小节，以便在学生阅读完每小节后提问。

2. 将学生们分成不同小组。

3. 指导学生们默读一个小节。

4. 就这段文字提出几个具体的批判性思维问题，让学生们分组讨论。你应当将这些问题作为示例，来解释什么是具有思考价值的问题。小组讨论结束后，挑选几名学生与全班同学分享他们的想法。

5. 指导学生们默读下一小节。

6. 让学生们分组讨论，提出具有思考价值的问题。鼓励他们向你提出与这段文字有关的开放式问题。你可以使用问题句式模板帮助他们提出问题。

7. 小组应当确定他们认为最具有思考价值的问题，并向你提问。

8. 根据需要，重复第3至第7步，直到全班学生完成所有内容的阅读。

其他形式

你可以使用策略37开展其他形式的教学活动。

- 使用该策略，让学生们分析一张图片或一个媒体文件，一次只学习和考虑其中的一个部分或方面。

- 教师向学生们提出问题，让学生们先把自己的答案记录下来，再与小组讨论，然后让学生们在聆听其他人想法的过程中完善他们的答案。

- 除了默读，学生还可以将文字大声读出来。

- 除了使用师生之间交换问题的方法，还可以让学生们自己划分小节，并提出问题让同伴回答。学生们可以分享他们的问题，并向他们的同伴提供反馈，告诉同伴他们是否回答正确。然后，同伴之间交换角色，轮流提出问题让对方回答。

其他科目的教学示例

以下展示了讲授其他科目时使用策略37的示例。

- 语言艺术教师指导学生们阅读《纽约时报》文章《牛津逗号纠纷结案，缅因州司机获赔500万美元》。在阅读标题后，学生们先预测牛津逗号如何能让一个人赢得500万美元。学生们阅读文章的前半部分并回答教师提出的问题。然后学生们完成整篇文章的阅读，并就牛津逗号的重要性提出5个具有思考价值的问题。

- 科学教师指导学生们阅读一篇题为《机器人将控制你所吃的一切》的在线新闻报道。在学生们读完第一部分后，教师提出问题，包括“在农业中使用机器人可能有什么好处”和“使用机器人可能有什么不利影响”。在小组和班级讨论结束后，学生们向教师提出与下一部分阅读有关的问题。

- 数学教师给学生们布置一道关于根据预算购买学校用品的多步骤问题，但只让他们阅读一部分问题。然后，学生们以小组为单位提出与解题方法有关的问题，再阅读题目的下一部分（或几个部分）并继续该过程。学生们必须考虑预算、需求、销售折扣等。

- 社会研究教师指导学生们阅读托马斯·潘恩的《常识》中的一个段落。教师问："潘恩在这一部分想表达什么意思？他这样说的目的是什么？"在小组讨论和全班讨论结束后，学生们阅读下一部分，并提出精心设计的问题，继续与教师讨论。

- 音乐教师让学生们听维瓦尔第的小提琴协奏曲《四季·春》。然后教师问："你们认为作曲家希望听众在听到这段音乐时脑海中出现什么画面？请解释你的推理过程。"讨论结束后，学生们欣赏从《四季·夏》中选出的另一段乐曲，并向教师提出他们的问题。

策略38

发现谎言

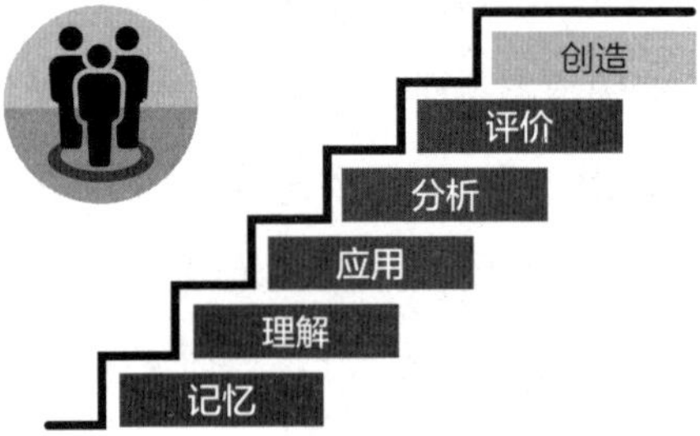

为揭示误解或错误观念，**“发现谎言”**策略要求学生们仔细检查信息，以识别不正确的表述。在该策略中，学生们分组使用一个阅读材料、多媒体片段或其他信息来源，写出两个真实陈述和一个虚假陈述。真实陈述应当是正确的推论，而虚假陈述应当是不正确的表述，例如潜在的错误观念、误解或不合逻辑的推论。学生需要判断其他组的陈述哪些是真实的，哪些是虚假的。在这一过程中，在评估信息的可信度时，学生们将在评价层次进行思考。

课堂示例

在学生们观看完视频《10个有关液体的趣味实验！》（*10 Amazing Science Tricks Using Liquid!*）之后，学生们分组写出两个符合逻辑的推论和一个不合逻辑的推论。每个小组轮流分享他们的陈述，其他组讨论看法，并尝试找出哪个陈述是假的。

教学策略实施步骤

请使用以下8个步骤实施“发现谎言”策略。

1. 确定话题、阅读材料、视频片段、政治漫画或其他信息来源。

2. 将学生们分为5人一组。

3. 每个小组写下从题目或信息来源中总结的两个真实陈述和一个虚假陈述。真实陈述应是正确的推论，而虚假陈述则是潜在的错误观念、误解或不合逻辑的推论。

4. 每个小组选一名学生站起来分享该组的3个陈述。

5. 其他小组进行讨论，并就他们认为哪个是虚假陈述达成共识。

6. 起立的学生揭晓答案，说出虚假陈述。

7. 如果其他小组正确找出了虚假陈述，出题小组应当为其他小组鼓掌。如果其他小组的答案不正确，那么其他小组应当为出题小组鼓掌。接着出题小组解释为什么这条陈述不正确。

8. 另一小组选出一名学生站起来分享他们的陈述，以此类推，直到所有小组都已分享自己的陈述。

其他形式

你可以使用策略38开展其他形式的教学活动。

- 除了以小组为单位进行分享，还可以让学生们独立写出自己的真实和虚假陈述，然后与小组分享他们的陈述。

- 在学生们写完两个真实陈述和一个虚假陈述后，让小组成员在教室中四处走动进行交流，与其他小组成员面对面交谈，每个人都试着猜出对方的虚假陈述是哪一条。交流结束后，原有的小组应当解散，去找到另一个非之前组员的人作为搭档。

其他科目的教学示例

以下展示了讲授其他科目时使用策略31的示例。

- 语言艺术教师让学生们阅读谢尔曼·阿莱克西的自传体文章《我的未授权传记》(*The Unauthorized Biography of Me*)，并记录下与美国原住民保留地的生活有关的真实陈述和虚假陈述。然后，学生们分成小组，使用他们的真实陈述和虚假陈述来互相测试。教师利用这一机会消除关于美国原住民文化的谬见。

- 科学教师给学生们观看一个关于夏威夷火山爆发的视频。学生们根据他们对火山爆发的了解，记录符合逻辑和不合逻辑的推论，并根据这些推论在小组中使用一系列真实陈述和虚假陈述来互相测试。

- 数学教师指导学生们分析一张展示最近4场足球赛出席人数统计情况的数值型数据图。学生们根据这些数据，记录符合逻辑和不合逻辑的推论，并在小组中互相测试他们对数据相关知识的了解。

- 社会研究教师指导学生们研究一张印度地图。学生们记录关于这张地图的符合逻辑和不合逻辑的推论，以及该国地形可能对它的文化产生什么影响。然后，学生们分组讨论，并互相测试他们所掌握的知识。

- 商学教师指导学生们阅读一篇关于小企业预算管理方法的文章。学生们写下3条关于合理预算的真实陈述和一条虚假陈述。然后，学生们分组讨论，使用他们的真实陈述和虚假陈述来互相测试。

策略39

四问法

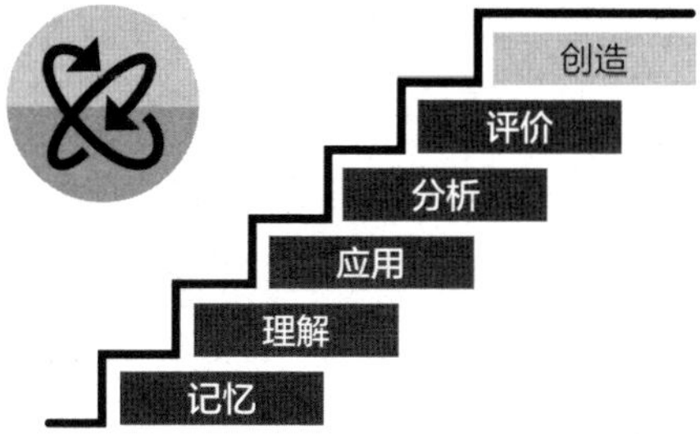

“四问法”是一种侧重于评估信息正确性的策略。这一策略要求学生们在学习某一部分内容后，提出4个具有思考价值的问题。然后他们必须与另一名同学交换问题，学生回答对方的一个问题。学生们在教室中四处走动，再找3名同学来回答其余问题，并回答对方的一个问题。在他们的所有问题都得到回答后，学生们评估这些答案的正确性。在学生们评估信息的正确性时，他们将运用评价层次中检查认知过程。考虑到我们的社会所产生的信息量，学生们有必要学会评估信息可信度。

课堂示例

在通过使用点状图、直方图和箱线图学习一些统计学基础知识后，每个学生分别提出4个与主题相关的问题。例如以下问题：如何在篮球比赛中使用这些知识？直方图和箱线图有哪些相似之处？我们怎么使用这些知识绘制我们班每个同学兄弟姐妹的数量情况？柱状图和直方图有什么不同？什么时候最适合使用点状图、直方图或箱线图？

在提出4个问题后，每个学生找到4名同学回答自己的问题，同时回答对方的一个问题。所有问题回答完毕后，学生们回到座位上对答案进行评估，检查答案是否完整和正确。在全班讨论中，学生们分享一些最佳问题和答案，以及他们发现的任何误解。

教学策略实施步骤

请使用以下5个步骤实施“四问法”策略。

1. 让学生们就课程内容提出4个具有思考价值的问题，每个问题分别写在一张纸上。鼓励他们写出能激发思考的问题。

2. 让写完问题的学生站起来，每名学生找到另一名站起来的学生进行搭档。搭档之间交换纸张，每人回答对方的一个问题。

3. 让学生们重复3次步骤2，再找3名同学交换纸张，直到所有问题回答完毕。

4. 让学生们回到自己的座位上，评估他们得到的问题答案。让他们考虑以下标准：

- 答案中是否存在误解或不正确的信息？如果存在，学生们应当做出必要的修正。学生们应当使用适合的参考资料来验证信息。
- 答案是否完整？如果不完整，学生们应当添加额外的信息来完善问题的答案。

5.在全班讨论中，邀请学生们分享一个他们所写的问题，以及他们得到的最特别的回答。无须分享答题者姓名，询问学生们在他们得到的答案中发现了什么误解。

其他形式

你可以使用策略39开展其他形式的教学活动。

- 向全班同学提供统一的4个思考题，然后让每名学生找4名同学单独面对面交流以收集答案。

- 在第5步中，让学生们在黑板或Padlet等数字墙上写出误解。然后将这些误解作为讨论的重点。

其他科目的教学示例

以下展示了讲授其他科目时使用策略39的示例。

- 语言艺术教师指导学生们阅读路易斯·萨奇尔的作品《洞》的一章，并写出4个问题：(1)一个关于情节，(2)一个关于人物刻画，(3)一个关于故事背景，(4)一个关于词汇。然后学生们必须使用“四问法”策略来获得问题的答案。

- 科学教师指导学生们提出4个关于使用简单机器完成日常任务的问题。学生们使用“四问法”策略来获得问题的答案并评估答案。

- 数学教师向学生们展示一张关于学生们最喜欢的食物的调查结果图，图上有基于班级、年级和全校的调查结果。学生们思考只根据已知信息能得出什么数学结论，并对此提出4个问题。学生们用“四问法”策略获得问题的答案，并检查答案的准确性。

- 社会研究教师指导学生们提出4个与地理学五大主题有关的思考题。学生们使用“四问法”策略获得问题的答案。

- 音乐教师在向学生们教授音乐元素基础知识后，让他们思考这些音乐元素在他们听的音乐中是如何呈现的，并对此提出4个问题。学生们使用“四问法”策略来收集答案并评估信息。

策略40

论点、论据、理由

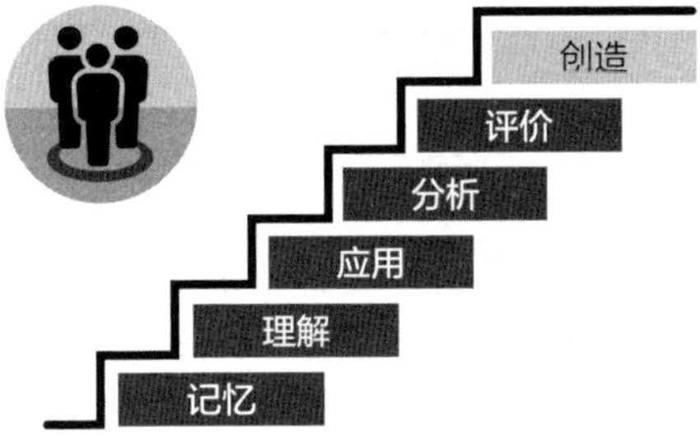

学生们在写出详尽周全的答案方面通常会遇到困难。**“论点、论据、理由”**策略可以提供一个框架帮助学生写作。如果写作任务是一篇议论文，论点就是支持作者观点的陈述。论据是证明论点的事实，论据可以包括实例或统计数据。理由进一步解释论点并回答“为什么”。表6.11中的整理表是基于以下课堂示例，是实现这一目的的实用工具。在评价层次，学生们从各个角度对证据和信息进行评估，并对无事实根据的论点提出质疑。通过这个策略，学生们可以对其他同学的论点、论据和理由进行同学互评，以确定论点是否被证明或推翻。

课堂示例

教师要求学生们论述以下题目："动物需要群居才能生存吗？"学生们使用整理表来组织他们的论点、论据和理由（如表6.11所示）。学生们交换整理表，并确定论点是否被证明或推翻。

表6.11 "论点、论据、理由"整理表

观点：许多动物从群居生活中受益。		
论点一：动物通过群体合作获得食物。	**论点二**：处在群体中可以帮助某些动物更好地保护自己。	**论点三**：群居动物可以互相帮助。
论据：虎鲸集体行动可以制造大浪，将海豹从冰上冲下来，并最终成为虎鲸的腹中餐。	**论据**：在猫鼬进食时，一只猫鼬会站哨。如果站哨的猫鼬发现危险，会向群体发出警报，这样它们可以跑去安全的地方。	**论据**：大象是非常聪明和有爱心的动物。如果族群中的一个成员受伤或生病，其他大象会试图用它们的鼻子安抚该成员。如果族群中的一头大象死亡，其他大象也会表现得悲伤。
理由：许多动物通过群体合作来孤立它们的猎物，或使自己变得更强，例如集体狩猎。	**理由**：小型动物通常是大型动物的猎物，但在群体中，它们可以更好地保护自己。	**理由**：动物可以帮助生病或濒死的同伴，来表达对彼此的关心。

教学策略实施步骤

请使用以下3个步骤实施"论点、论据、理由"策略。

1. 提出一个涉及高级思维层次的题目，使学生们可以提出至少3个论点，并能用论据证明和提供理由。

2. 提供题目和一个如表6.11所示的整理表。指导他们写出观点陈述。首先提出3个论点，然后为这些论点提供论据和真实理由。

3. 让学生们与其他学生交换整理表，并评估所写的内容。学生们应当使用一个清晰的评估表，如表6.12所示。

表6.12 “论点、论据、理由”评估表

	需要做出修改	接近达标	达标
论点	论点不准确，或者并非陈述性语言	论点准确，但是不清晰或不完整	论点准确且完整
论据	没有给出论据或论据不合适	论据合适，但是不足以证明论点；可能包含一些不合适的论据	论据合适，能充分证明论点
理由	没有给出理由，或者理由与论点不相关	重复论据，或没有提供足够的论据来证明论点	给出准确完整的理由，将论据与论点相关联

其他形式

你可以使用策略40开展其他形式的教学。

- 如果学生们是第一次使用该策略，让他们以小组形式进行合作可能会有帮助。你也可以考虑为学生们进行示范，以帮助他们自如地运用这一策略。

- 该策略的一个其他形式是“辩论小组旋转木马”策略，它可以帮助学生们提出论据和理由。首先，学生们将他们的观点和论据记录在一个如表6.13所示的整理表上，然后将整理表传给另一名学生添加其他论据。然后，第三名学生提出反对这一观点的理由。最后，该生将纸张还给原作者，原作者就可以查看其他人的想法，并将所有想法整理成一篇观点清晰的文章。学生们可以使用包含以下部分的整理表来梳理思路：论点、论据、附加论据和对立观点。

表6.13 “辩论小组旋转木马”整理表

观点：	全球变暖会对地球上的所有生命产生威胁。
论据：	全球气温升高幅度已经超过1摄氏度，模型显示，在接下来的50到100年里，全球气温将会上升4度或更多。
支持理由：	自从人类成为地球上的优势物种以来，空气中的碳粒子数量还从未达到如此高度，而且碳粒子的数量还在不断上升。
反对理由：	人类正在研发新技术，以去除空气中的碳。
你的理由：	尽管拥有前景乐观的碳去除技术，但这些技术并不足以中和人类每年排放到空气中的碳，更不用说那些此前已经排放的碳。

- 在使用整理表搭建好写作框架后，让学生们将每组论点、论据和理由写到作文中。让学生们在作文的开篇段落提出他们的观点，并在之后的段落中写出论据和理由。
- 为提供帮助，另外向学生展示一个针对说服性文章的整理表，如表6.14所示。

表6.14　说服性文章整理表

引言	介绍问题或话题，吸引读者注意：
	总论点：
第一主体段落	第一个论点：
	论据一：
	论据二：
	论据三：
第二主体段落	第二个论点：
	论据一：
	论据二：
	论据三：
第三主体段落	反对者观点：
	他们所持立场的理由：
	他们的论据：
	反对他们观点的论据：
	重述立场：
第四主体段落	第三个且是最有力的论点：
	论据一：
	论据二：
结论段落	总结理由：
	定论（行动呼吁或强有力的陈述）：

其他科目的教学示例

以下展示了讲授其他科目时使用策略40的示例。

- 语言艺术教师指导学生们就R.J. 帕拉西奥的《奇迹男孩》一书中作者的目的提出3个相关的论点。学生使用整理图提出他们的论点、论据和理由，以证明每个论点的正确性。

- 科学教师指导学生们就环境如何影响遗传性状这一问题提出3个论点。学生们使用整理图来提出他们的论点、论据和理由，以证明每个论点的正确性。

- 数学教师指导学生们使用他们掌握的表面积、体积和速率知识，针对饮料中冰块的大小如何影响饮料的冰度，提出3个论点。学生们必须使用论据和理由来评估他们的论点，并确定哪种大小的冰块保温效果最好。

- 社会研究教师问学生们，他们的学校是否根据民主原则设立。学生们使用整理图提出他们的论点、论据和理由，以证明每个论点的正确性。

- 音乐教师问学生们，作曲家约翰·凯奇在乐曲《4分33秒》中想要表达的信息是什么。学生们使用整理图来提出他们的论点、论据和理由，并证明每个论点的正确性。

策略41

颜色编码的关键反馈

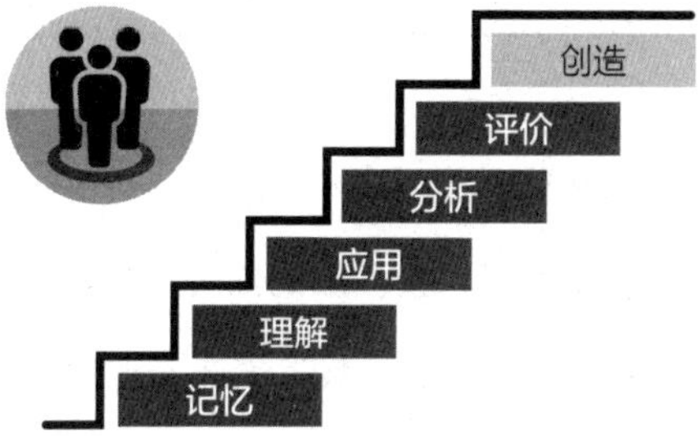

“颜色编码的关键反馈”策略可以让学生们通过用颜色标出无效和有效部分（或关键部分）来分析写作，例如信息来源、推论和理由。同伴提供颜色编码反馈可以简化反馈流程并使过程变得有趣。颜色也可以提升学生们的注意力，教师可以利用颜色来提升学生们的写作，因为作者可以通过浏览不同颜色区域，迅速评估作品的优点和不足。

课堂示例

学生们以小组形式研讨所在州的警方数据，判断他们城市的警察是否过度使用武力。学生使用文字处理软件提出他们的观点，并引用此前研讨的统计数据在写作段落中为自己的观点辩护。学生们与班上的另一名同学分享作业，并根据评估表互相检查对方的作业，评估“集中趋势的计算是否准确”和“结论是否清晰正确”。学生们使用文字处理软件的工具箱进行评判：用红色标出需要重大修改的表述；用橙色标出需要一些修改的部分；用绿色标出达到标准的部分。然后，学生们将反馈发给作者，方便其在最终提交前进行修改。

教学策略实施步骤

请使用以下5个步骤实施“颜色编码的关键反馈”策略。

1. 确定写作的主题或题目，要求学生严谨地思考或分析信息。

2. 选择一个颜色编码系统用于同学互评。你可以使用下列任何一种：

- 事实（绿色）；来源（粉色）；推论（红色）；判断（蓝色）；理由（黄色）
- 作者假设（红色）；矛盾、不一致或有漏洞（绿色）；推论（蓝色）；表述清晰的范例（黄色）；令人困惑的表述（粉色）
- 需要重大修改（红色）；需要做出一些改进（橙色）；达标或优秀（绿色）
- 表述清晰（绿色）；需要稍作修改（黄色）；需要重大修改（粉色）；需要校对（灰色）

3. 制作一个量表或清单提供给学生，进一步说明颜色编码系统中的每个类别。

4. 让学生们使用荧光笔或者电脑上的数字化工具检查另一名同学的作文，并使用颜色编码系统提供清晰具体的反馈。

5. 在文章返还给作者之后，组织学生们开展一场全班讨论，或者让学生们单独思考如何使用同学的反馈提升自己的写作。

其他形式

你可以使用策略41开展其他形式的教学活动。

- 教师也可以使用颜色编码系统向学生们提供反馈。只需要确保学生们了解你正在使用的编码系统。

- 让学生们根据第5步中的同学反馈制订计划，在有挑战的领域做出改进。例如，你可以提供额外的模块，帮助在某一领域遇到困难的学生。

其他科目的教学示例

以下展示了讲授其他科目时使用策略41的示例。

- 语言艺术教师指导学生们写一篇关于本校课间休息时间的评论文章。使用颜色编码系统，学生之间交换作业来互相评判，并找出以下内容：作者的假设（红色）；矛盾、不一致或有漏洞的地方（绿色）；推论（蓝色）；表述清晰的范例（黄色）；令人困惑的表述（粉色）。

- 在测试磁铁的大小和形状后，科学教师指导学生们写实验报告。学生之间交换实验报告互相评判，在报告中标出事实（绿色）、来源（粉色）、推论（红色）、判断（蓝色）和理由（黄色）。

- 数学教师指导学生们写一篇说明文，解释他们对一个真实问题的计算过程——计算学校花园的面积和周长。学生之间交换文章，找出表述清晰（绿色）、需要稍作修改（黄色）、需要重大修改（粉色）和需要校对（灰色）的地方。

- 社会研究教师指导学生们写一篇关于一场戏剧表演的评论。在他们写论文之前，教师给学生们提供一个评估表，帮助他们了解同学在分析他们的写作时将使用颜色编码系统。学生之间交换评论，并找出表述清晰（绿色）、需要稍作修改（黄色）、需要重大修改（粉色）和需要进一步校对（灰色）的地方。

- 商学教师在反馈环节带领全班学生分析他们的商业计划，并指导他们与一名同学分享电子版计划，然后使用在线标注工具，标出表述清晰（绿色）、需要稍作修改（黄色）、需要重大修改（粉色）和需要进一步校对（灰色）的地方。

策略42

排序、讨论、写作

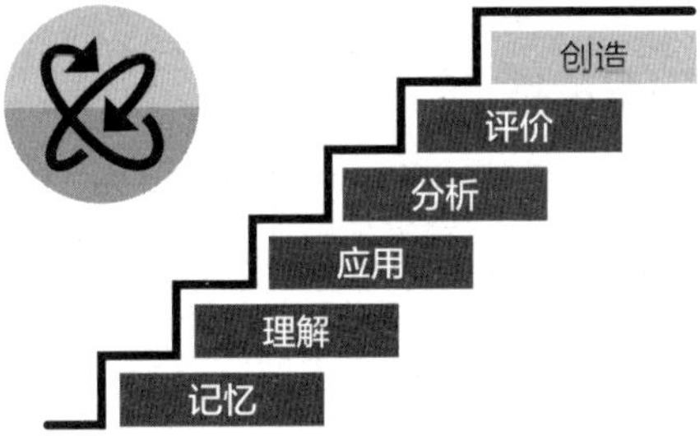

“排序、讨论、写作”策略鼓励学生们按重要程度对信息进行排序和总结。阅读后，学生们记录下重要的概念并为每个概念写一份总结陈述。学生们把总结陈述按重要程度从最高到最低进行排序。然后，学生们在小组内分享排序和总结，并选出最重要的概念和总结展示给全班同学。该教学策略需要使用到评判认知过程，因为它涉及使用设定的标准来评估多种选择，包括阅读材料中最重要的概念和最好的总结陈述。

课堂示例

学生们阅读一篇关于回答“什么是艺术家”的文章，并记录下阅读材料中的关键词，如“艺术”“艺术家”和“画家”，并就每个关键词写一句总结，然后根据相关标准进行排序，找出对文章来说最重要的总结。随后，各组就内容进行分享。之后，各组选出材料中最重要的概念和写得最好的总结，并将其记录在纸上。学生们四处走动，查看其他小组的总结，看看各小组总结之间的异同。

教学策略实施步骤

请使用以下6个步骤实施“排序、讨论、写作”策略。

1. 在阅读了与课程或学习主题相关的内容后，指导学生们从阅读材料中找出关键概念或观点。让学生们为每个概念或观点写一句总结。

2. 指导学生们对他们找出的要素按重要程度从最高到最低排序，排序应当根据以下4个标准：（1）最重要的观点，（2）简明扼要，（3）准确性，（4）客观性。

3. 让学生们分成小组，组内分享他们的总结语句，并说出他们的排序理由。

4. 各组根据上述4个标准，确定最重要的概念，并找出小组中写得最好的总结语句。各组在纸上记录下最重要的概念和写得最好的总结语句，然后贴到墙上。

5. 各小组四处走动，阅览其他小组的答案。

6. 让所有小组共同讨论他们的观察所得，以及各个小组的分析有哪些异同。

其他形式

你可以使用策略42开展其他形式的教学活动。

• 除了让学生们分析一篇文章的多个方面，还可以让他们总结多篇相关文章的某一方面。然后开展分组讨论，确定哪篇文章最重要。

• 除了安排小组活动，还可以让学生们在数字墙上发言，并使用Poll Everywhere等投票选出大家公认的最佳表述。

其他科目的教学示例

以下展示了讲授其他科目时使用策略42的示例。

• 语言艺术教师让学生们阅读关于iPhone最新发布会的一篇文章，并列出总结性的相关陈述或关键概念。学生们以小组为单位确定出其中最重要的一个，并将列表张贴在教室里，然后查看其他小组张贴的列表。

• 科学教师让学生们阅读一篇关于加利福尼亚州泥石流的文章，然后学生们列出关键词，并为每个关键词写一句总结。学生们以小组为单位确定出其中最重要的一个，并将列表张贴在教室里，然后阅览其他小组张贴的列表。

• 数学教师指导学生们阅读一篇关于通货膨胀的文章，然后让学生们列出关键词，并为每个关键词写一句总结。学生们以小组为单位确定出其中最重要的一个，并将列表张贴在教室里，然后阅览其他小组张贴的列表。

• 社会研究教师指导学生们阅读美国宪法的序言，然后让学生们找出关键概念，并为每个关键概念写一句总结。学生们以小组为单位，确定出其中最重要的一个，并将列表张贴在教室里，然后阅览其他小组张贴的列表。

- 音乐教师让学生们阅读一篇关于披头士乐队对美国摇滚文化影响的文章，然后学生们找出主要观点，并为每个观点写一句总结。学生们以小组为单位，确定出其中最重要的一个，并将列表张贴在教室里，然后阅览其他小组张贴的列表。

策略43

肯定与质疑引文

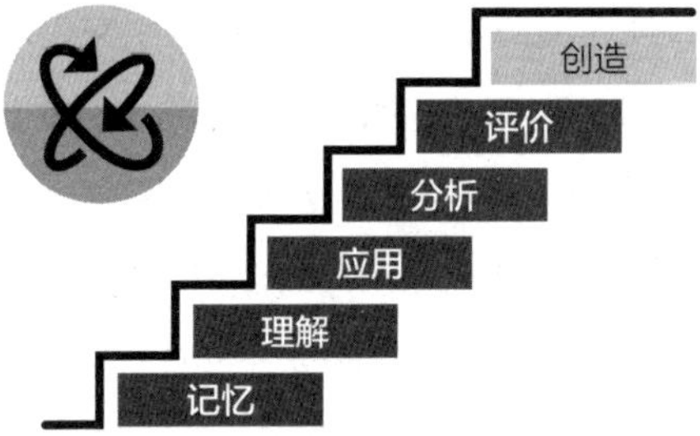

在互联网社会，学生们每天都会接收到各种来源的信息，这些渠道包括新闻媒体、博客、社交媒体、家人、朋友等等。他们看到和搜索到的信息并非总是准确的，因此，在将信息视为有效信息之前，学生们必须先学会如何判断信息来源的可信度。学生们使用检查认知过程来判断陈述、信念、观点或报道的可信度，以评估其逻辑性。苏格拉底因质疑一切而闻名，尤其是他自己的偏见。学生们需要学会评估信息的相关性和有效性。

使用“**肯定与质疑引文**”策略，学生们可以通过摘选他们认同和质疑的引文，对文字材料进行评估。学生们以小组为单位，使用其他来源来评估他们所摘选引文的可信度。然后他们将这些引文发给其他小组阅读。本教学策略的另一个好处是，它可以让学生们参与元认知过程（或思考他们自己的想法）。苏泽将“元认知”定义为“人在学习过程中有意识地控制认知过程的高阶思维”。

课堂示例

教师指导学生们阅读一篇关于核能安全的文章。学生们从文中摘选一条他们给予肯定的引文，因为该引文提供了他们认同的例子、关键信息或新想法。他们还要摘选一条他们认为令人困惑、有偏见、矛盾、不符合道德或缺乏推论依据的引文，来进行质疑。学生在小组内部分享他们摘选的引文，并解释为什么选择这些引文。在讨论引文时，小组选出一条最发人深思的引文进行肯定，另一条引文进行质疑，并搜集信息来证明或反驳相关陈述。然后各组与全班分享选出的引文，将这些引文记录在图纸上。然后，每个小组查阅其他小组的图纸，并在图纸上记录另外的原因或关于这些引文的评论。

教学策略实施步骤

请使用以下8个步骤实施“肯定与质疑引文”策略。

1. 选择一份文字材料，确保材料中包含学生们可以辩论的陈述、信念和观点。

2. 在阅读文字材料后，让学生们摘选一条他们给予肯定的引文。学生们可能喜欢这段引文的措辞、所呈现的全新视角、关键信息或独特且难忘的例子。

3. 让学生们从文中摘选出一条令人困惑、有偏见、有矛盾、不符合道德或缺乏推论依据的引文。

4. 学生们3至5人一组，组内分享他们摘选的两条引文，并讨论他们这样选择的原因。

5. 各组确定最发人深思的被肯定的引文和被质疑的引文，并与全班同学分享。对于他们质疑的引文，该小组应当进行研究，提供证据证明该陈述是否正确。

6. 让各组在图纸上记录下他们的引文和选择理由，并将图纸张贴在教室里。

7. 让各小组选择另一小组的引文并走到该小组的图纸前。在阅读这些引文和理由后，小组应当添加另外的原因，说明为什么这条引文很重要，并针对引文是否有偏见、矛盾、不符合道德、可信或未经证实，提出相关问题。如果时间允许，可以让学生们在教室里四处走动，轮流查看所有其他小组张贴的引文并添加评论。

8. 让每位学生回答以下问题，回顾这一经历：

- 你摘选这两条引文的最初原因是什么？
- 如果重来一次，你是否还会选择你最初所选的两条引文？为什么？
- 通过这一过程，你了解到自己对于这一话题的哪些想法？

其他形式

你可以使用策略43开展其他形式的教学活动。

- 除了阅读材料，还可以让学生们阅览网站、视频片段或歌词。这些形式的媒体信息通常带有偏见，可以提供丰富的机会进行可信度评估。
- 除了摘选肯定和质疑的引文，还可以让学生们解决一个有难度的判断对错的二元问题（如数学证明题），来衡量正误。

其他科目的教学示例

以下展示了讲授其他科目时使用策略43的示例。

- 语言艺术教师引导小组选一首关于社会问题的诗歌。学生们分别摘选一条他们认同和质疑的引文。学生们在小组内分享他们的引文，并选出一对引文记录在图纸上供同学查看。每个小组查看其他小组摘录的引文，并添加他们的想法和问题。

- 科学教师让学生们观看一部有争议的动物实验纪录片，让他们摘选出他们肯定和质疑的引文，并写出选择每条引文的理由。学生们在小组内分享他们的引文，并选择一对引文张贴在教室里。每个小组轮流查看张贴的引文，并将其想法添加到张贴的引文中。

- 数学教师指导学生们分析一份关于一个数学难题的往届学生作业，并判断作业是否正确。学生们分组分享他们的结论，然后全班同学共同讨论这名学生是否正确地解答了问题。

- 社会研究教师组织学生们观看一个关于世界政府的新闻片段或专题报道。学生们必须各记录一条他们肯定和质疑的引文。学生在小组内分享他们的引文，并选择一对引文张贴在教室里。每个小组轮流查看张贴的引文，并将其想法添加到张贴的引文中。

- 音乐教师指导学生们赏析歌曲《你为何而战？》（*What Are You Fighting For?*）的歌词，这首歌是关于20世纪60年代的越南战争的。让学生们选择一句歌词进行肯定，并选另一句歌词来进行质疑。学生们在小组内分享歌词，并选择一对歌词张贴在教室里。每组轮流查看张贴的歌词，并将其想法添加到张贴的歌词中。

思考与实践

思考题

请回顾本章内容并思考以下问题。

1. 本章中的哪些教学策略与你现有的教学实践相一致？如何适当改进这些教学实践，以便提升学生的评价思维能力？

2. 你可以在下个月使用哪两种策略来提升学生在评价层次的技能？

3. 本章中你最喜欢哪个合作性策略？这个策略是否适合你的学生？为什么？

4. 对于本章中你打算采用的策略，你能想出哪些改进方法？

5. 你能想到哪些方法对本章中的策略加以完善，使之更加适合你的特定课程？

实践题

请组织以下3项活动，将本章的概念应用到你自己的课堂中。

1. 选一个你想付诸实践的教学策略，并就授课内容制订教学计划。

2. 在使用了教学策略之后，询问学生们是否喜欢这个策略，以及如何对其加以改进。

3. 观察另一位使用批判性思维策略来培养学生评价技能的教师。记下你的思考和想法，并思考如何将其应用到你自己的教学中。

第七章

创造层次教学策略的实施

IMPLEMENTING STRATEGIES FOR CREATE-LEVEL THINKING

> 教育的目标不是灌输知识，而是为儿童的发明和发现创造可能，造就能够开拓创新之人。
>
> ——让·皮亚杰

本章讲述了7种教学策略，主要关注布卢姆教育目标分类法（修订版）中创造层次的学习。每种教学策略都要求学生们运用创造层次的认知技能，例如形成、计划或制作。从本质上讲，创造层次的策略也会调用下面的几个层次。每项策略对应的图标表示该策略下的教学活动所涉及的分类法步骤（层次），以及激发课堂参与的主要手段（运动、合作或媒介素养）。

对每个策略的介绍包括以下内容：概念、目的、课堂示例、实现该策略的一系列步骤、使用该策略的其他形式，以及针对不同教学科目的教学示例。

策略44

亲和图法

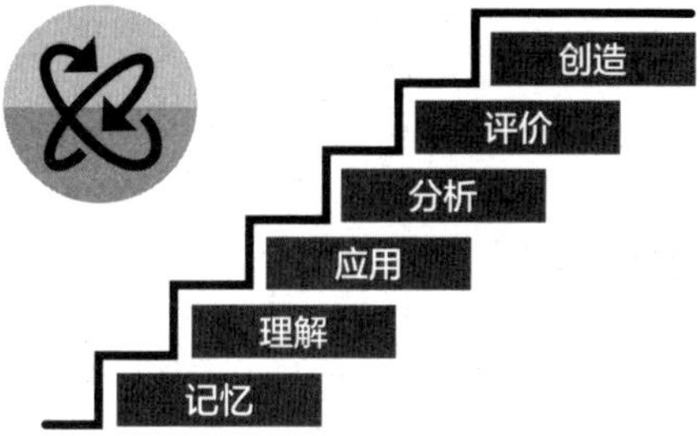

“亲和图法”是一种分析工具，学生们可以利用它将具有共性的想法进行分组。亲和图法策略是一种有效的头脑风暴技巧。当学生们需要考查不同术语的关系或对相似想法进行分组时，亲和图法能够帮助他们创造性地产生新想法或者揭示相应的规律。使用该策略时，教师需要向学生们提出一个话题或问题，让他们进行头脑风暴并将产生的想法记录在便笺纸上。然后，学生们将相似想法归为一组，并为各组设置标签。这一过程有利于进行创造性思考和头脑风暴，从而找到解决问题的方法，例如，解决一个社区问题，探究历史领袖曾经面临的抉择，或是找到验证某个科学理论的方法。

课堂示例

在讲授舞蹈风格的单元课结束时，教师让学生们进行头脑风暴，创造具有个人风格的舞蹈。学生们按照小组将每个新想法记录在便笺纸上。头脑风暴之后，他们再将相似的想法归类分组，并确定各组标题。

教学策略实施步骤

请使用以下5个步骤实施“亲和图法”策略。

1. 提出供学生们讨论的话题。

2. 为学生们提供便笺纸。要求一张便笺纸只记录一个新想法。学生们独立完成任务，不能与其他小组成员讨论，每人至少写5张。

3. 将学生们分组，展示各自的便笺纸，分享彼此的想法。随后进行小组讨论，并使用一张大的表格或记录纸把相似的想法归类。

4. 要求各组为归类后的便笺纸商定一个标题，并确保该标题能够代表这组想法的内容。

5. 各组向全班同学展示自己归类后的想法。

其他形式

你可以使用策略44开展其他形式的教学。

- 向学生们提供蓝、红、黄三色的圆点图标，请他们将蓝色的圆点图标放在其认为排名第一的解决方案上，红色的圆点图标放在排名第二的解决方案上，黄色的圆点图标放在排名第三的解决方案上。

- 学生们展示将想法进行归类的图表后，请各组讨论每张图表间的相似或不同，进一步完善他们的想法。

其他科目的教学示例

以下展示了讲授其他科目时使用策略44的示例。

- 语言艺术教师指导学生们对他们即将创作的短篇小说的主题进行头脑风暴，将相似的想法归类，确定最佳想法。
- 科学教师指导学生们集思广益，判定一种可以在北极气候下生存的新超级动物的特征。
- 数学教师指导学生们群策群力，想出利用几何学知识在附近建造新公园的方法，并将相似的想法归类。
- 社会研究教师指导学生们进行头脑风暴，确定他们要在模拟大会上针对新法规提出的论题。
- 音乐教师指导学生们积极思考并确定他们将要创作和在学校大会上表演的新作品的特征，并将相似的想法归类。

策略45

问题解决法

对21世纪即将成年的学生们来说，分析和解决问题的能力是一项关键技能。高达96%的教育工作者同意将解决问题的能力列为事业成功的一项“十分重要的或重要的”技能。**“问题解决法”**策略可以为学生提供一套识别和解决问题的系统化流程，其中包括三个关键部分：（1）获得问题的信息，（2）产生新想法，（3）做出决定。对于解决真实问题的项目，学生通常都会积极参与，因为在这样的项目中，他们的决定能够影响学校、社区甚至整个世界。

课堂示例

一位教师要求学生们研究这样一个问题：如何才能让更多的学生吃健康的午餐？学生们首先以小组为单位，找出吃健康午餐的学生数量的影响因素以及学生吃不健康午餐的原因。然后，各组进行头脑风暴，商讨解决方案，比如在学校的每周新闻节目中播放宣传健康饮食的视频片段和在校园放置各类食物脂肪含量的可视化模型。

其中一组选择制作一个宣传视频样片和一个可视化模型。该组邀请10名同学观看视频并向其展示模型，然后请他们完成一项调查，选出在鼓励他们吃得更健康方面更有说服力的方式。根据收集的调查数据，该组分别列出了两种方案的优缺点。之后，该组选择制作多个视频片段，在学校的每周新闻节目中进行播放。视频制作完成并向学生们展示之后，该组又邀请同班同学进行了一个简短调查，以评估这些视频对同学们饮食行为的影响。最后，该组面向全班同学做总结报告，分享了这一项目和相关结果。

教学策略实施步骤

请使用以下6个步骤实施“问题解决法”策略。

1. 找出问题或障碍。可参考以下问题提示：

- 你如何克服……？
- 你认为什么样的解决方案最有效？
- 你如何确定……？
- 制定策略以解决……

2. 根据选择的问题，布置一个或多个任务帮助学生们理解问题。

- 解释问题。
- 列出已知项。
- 列出未知项。

- 找出问题相关项。
- 描述问题产生的原因。

3. 指导学生们针对可能的解决方案分小组进行头脑风暴。为了使其更有效率，他们可以使用以下任何一种策略：

- 为解决方案画图，使方案可视化。例如，如果学生们想改善学校的环保工作，则可以画几个教室回收箱表示其想法。
- 使用教具。例如，如果学生们寻求改善社区卫生的方法，则可以创建一个社区广场模型。
- 借助试错法测试某个想法。例如，学生们试图解决学校资金短缺问题时，可以尝试售卖一些节日类主题商品，以验证假日商店能否成为合适的筹款方。
- 利用表格或图表整理与问题相关的数据。例如，学生们可创建一个表格，计算每顿午餐时被丢弃的水果和蔬菜的数量。

4. 指导各小组挑选几个最佳解决方案进行实践。教师需要考虑学生们在实践过程中可能需要的资源以及是否存在任何限制因素。你可以向学生提供以下几点建议：

- 记录每次尝试的预测、数据和结论，保存成功记录。
- 总结各方案的优缺点，对其进行评估。

5. 要求学生们对结果进行自我评估。以下问题可用于小组自我评估：

- 你对获得的结果满意吗？
- 为什么你认为这是一个恰当的解决方案？
- 最终的解决方案与最初头脑风暴的想法有什么相似或不同？

- 最终的最佳解决方案是什么？有什么证据支持？

6. 请学生们分享成果。他们可通过多媒体、视频、文本或其他创新的方式展示解决问题的过程。

其他形式

你可以使用策略45开展其他形式的教学。

- 借鉴真人秀节目《鲨鱼坦克》的方式，让学生们在课堂上向同学们阐述他们的最佳解决方案，然后根据全班同学的反馈对想法进行完善。
- 进行过程监控。在一张大表上写下每组的名称，每当小组完成一个步骤，则在表中进行标记。利用此表，你可以快速判断出学生们处于问题解决法策略过程中的哪一步。

其他科目的教学示例

以下展示了讲授其他科目时使用策略45的示例。

- 语言艺术课上，学生们正在讨论他们对校报审查制度的反对意见。教师使用问题解决法策略布置任务，学生以小组方式制订计划，寻求合理的问题解决方案。
- 科学教师指导学生们分组研究如何减少社区碳排放以及他们的解决方案能带来哪些积极影响。
- 数学教师指导学生们分组研究下一场篮球比赛对手的数据，找出击败对手的战术方法，并将他们的想法做成演示文稿提交给教练。
- 社会研究教师向学生们提问，“美国如何在充分保护公众的同时保护个人隐私权？”教师指导学生们探究这一问题，提出解决方案并将方案在课堂上进行展示。

- 人文学课上，学生们正在讨论他们对削减学校艺术项目的反对意见。教师利用这次讨论让学生们分组制订计划，展示艺术项目在学校的重要性并找出其他节省学校开支的方法以保留艺术项目。教师指导学生们做出一份能突显其研究结论的演示文稿。

策略46

旋转木马式头脑风暴法

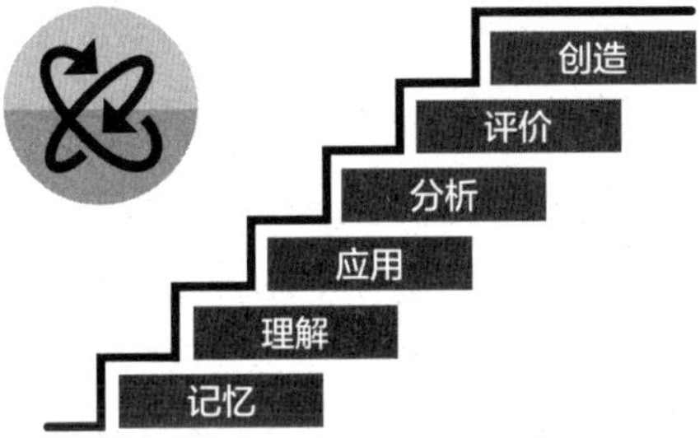

“旋转木马式头脑风暴法”是一种专为学生在“创造”层次的项目进行头脑风暴而设计的集体活动。确切地说，这是一种针对“形成”层次这一认知过程的活动。学生们分为几个小组，将想法写在记录纸上，随后像旋转木马一样在教室轮转，查看其他小组的想法并添加上自己的新想法。看完所有其他组的想法后，各组回到其最初的记录纸前查看其他小组给出的建议。各组可以根据其他小组的建议完善自己的想法，也可以添加自己在各个头脑风暴站点获得的新想法。学生们可以从头脑风暴过程（形成认知过程）中选出那个最棒的想法，列出框架或创建模型（计划认知过程），进而形成最终方案，完成项目（制作认知过程）。

课堂示例

教师指导学生们以小组为单位选择下列其中一个科学标准作为其研究的基础。

1. “设计一项研究，寻找证据证明物体运动的变化取决于物体所受的力和物体质量的总和。”

2. “设计一项研究方案，确定能量转移、物质类型、质量和通过样品温度测量的粒子平均动能变化之间的关系。”

各组将他们选择的标准和最初的想法张贴到记录纸上，然后在教室内依次查看其他小组的想法并提供建议和反馈。各组回到各自最开始的记录纸前，查看其他小组的建议并完善自己针对本研究的初始想法。

教学策略实施步骤

请使用以下9个步骤实施“旋转木马式头脑风暴”策略。

1. 确定学生们要探究的主题、问题、项目或难题。

2. 在教室内布置空间，确保各小组能够轮流查看其他组的记录纸，将各组的记录纸贴在教室的不同位置。

3. 提供相应的资料，以便学生们可获得与主题、问题、项目或难题相关的背景信息。

4. 各组使用不同颜色的记号笔，以分辨每个想法是由哪个小组提出的。

5. 每个头脑风暴站点的初始小组首先要针对项目、问题或情况形成其最初的想法并在纸上进行记录。记录形式可以是文字，也可以是视觉图，比如示意图。

6. 各组按规定时间以顺时针方向移动到下一站。到达新的站点，学生们要查阅该站点初始小组的所有想法，并记录下一些其他想法或提出问题。

7. 所有小组不断循环此过程直至各组查阅完所有站点的记录纸。

8. 各组回到自己的初始站点，查看其他小组给出的想法和建议，记录下在其他站点产生的任何新想法，最后确定他们要与全班分享的主要观点或想法。

9. 各初始小组向全班分享他们的总体观点。

其他形式

你可以使用策略46开展其他形式的教学。

- 在课程或单元开始时可以使用这一策略，唤起学生们的先验知识，明确学习目的。也可以在进行课程或单元复习时使用这一策略，让学生们对教室内列出的不同主题进行头脑风暴。此策略的这种使用方式对应布卢姆教育目标分类法（修订版）中的记忆层次、理解层次或者两个层次兼而有之。
- 除了用于头脑风暴，此策略还可以用于小组反思活动。给每组布置不同的反思主题。为了便于各轮换小组理解，每个站点的初始小组应在其记录纸顶部写清楚其反思的主题。

其他科目的教学示例

以下展示了讲授其他科目时使用策略46的示例。

- 语言艺术教师指导学生们以小组为单位写出一条与温室气体相关的论点陈述，并将其论据列在记录纸上。教师指导各组轮流在不同站点给予反馈，并写下他们对于同伴想法产生的所有疑问。各组回到自己的初始站点后，利用这些反馈完善其想法，并向全班分享本组的主要观点。

- 科学教师指导学生们进行头脑风暴，写下记录社区天气或风化状况的最佳方法。教师指导各组轮流在不同站点给予反馈，并写下他们对于同伴想法的任何疑问。各组回到自己的初始站点后，利用这些反馈完善其想法，并向全班分享有关天气影响的新知识。

- 数学教师要求学生们分组合作，利用单位价格相关知识进行头脑风暴，找到最佳办法，来确定哪家企业在不同品类比萨的价格制定上对消费者来说最为划算。教师指导各组在不同站点轮流给予反馈，并写下他们对于同学想法的任何疑问。各组回到自己的初始站点后，利用这些反馈完善其想法，并确定最划算的价格。

- 社会研究教师要求学生们以小组为单位，找出一个当下影响他们家庭的经济问题，然后进行头脑风暴寻求解决方案，并探讨该问题对不同社会群体的影响。教师指导各组轮流在不同站点给予反馈，并写下他们对于同伴想法的任何疑问。各组回到自己的初始站点后，利用这些反馈完善其想法，并向全班分享本组的主要观点。

- 人文学科教师要求学生们分组进行头脑风暴，写下学校艺术项目筹款活动的最佳举办方式。教师指导各组轮流在不同站点给予反馈，并写下他们对于同学想法的任何疑问。各组回到自己的初始站点后，利用这些反馈完善其想法，并向全班分享本组的主要观点。

策略47
奔驰法

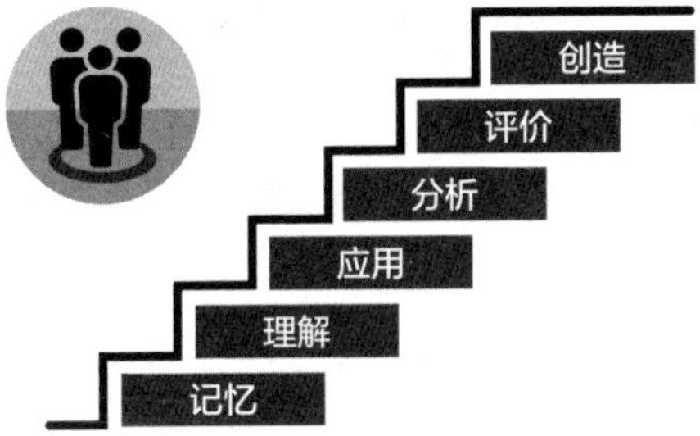

“奔驰法”是一种头脑风暴技巧，能够让学生们通过以下7个思考过程找到新颖的创意：(1)替代，(2)结合，(3)调整，(4)修改或放大，(5)用于其他用途，(6)消除或缩小，(7)重组或颠倒。这个教学策略很有用，因为许多复杂的任务要求学生们设计出独特的解决方案。奔驰法通过帮助学生们思考替代方案并提出各种想法来激发学生们的创造过程，它属于布卢姆教学目标分类法(修订版)中“创造”层次中的形成认知过程。当学生们为研究报告、诗歌、实验或项目的主题进行头脑风暴时，此策略是一个理想的选择。

课堂示例

教师将学生们分为几个小组，要求他们商议销售一款新产品的想法。随后学生们分享各自的想法，每组选出他们认为的最佳想法，然后使用奔驰法对该想法进行完善。其中一组决定销售史莱姆魔法泥，并使用以下思考过程来完善本组的想法。

- 替代：是否可以更换产品的某种原材料，使产品更具成本效益？
- 结合：是否可以将魔法泥和零食搭配销售，由此吸引更多消费者？
- 调整：是否对可能会导致销售模式进行调整的问题做了预判？
- 修改或放大：是否可以做出一种和学校的各种代表性颜色一样的特制版魔法泥？
- 用于其他用途：我们销售的魔法泥是否可以帮助学生们减压？
- 消除或缩小：产品的某种原材料是否可以去除，从而降低成本？
- 重组或颠倒：改变产品制作的原材料顺序能否使产品更加完善？

教学策略实施步骤

请使用以下3个步骤实施“奔驰法”策略。

1. 确定一种或一系列可供各组学生选择的想法。

2. 将学生们分成几个小组，各组遵照奔驰法的思考过程认真思考本组的想法。学生们可以使用如表7.1所示的图表记录新的想法。

表7.1　奔驰法组织结构表

术语	待思考的关键想法	新的想法
替代	还有谁？还有什么？其他时间？其他地点？改变一下组件、场地、环境、内容。	
结合	联合、混合、综合； 合并受众、市场、目的。	
调整	更改、使其现代化、放入新的情境、采用新的目标、增加新的限制。	
修改或放大	改变大小、颜色、材质、材料、方向、长度、含义；变小或变大。	
用于其他用途	寻找不一样的用途、其他使用场地、新的使用方法、紧急用途。	
消除或缩小	拿走部分、去除、消除。	
重组或颠倒	以不同的顺序或次序组合；改变布局、设计或图案；改变方向或价值；使颠倒。	

3. 指导各组评估所有的创造性建议并完善他们的想法。

其他形式

你可以使用策略47开展其他形式的教学。

- 可以将奔驰法的思考过程进行拆分，让所有的小组都只关注一个要素，即每个小组只关注其中一个类别。
- 每次只向学生们介绍奔驰法中的一个要素。在介绍下一个之前，给予学生们思考和完善其想法的时间。
- 每位学生都可以选择一个想法，然后使用奔驰法进行完善，在小组中获得同伴反馈，进一步完善该想法，而不仅限于小组共同研究一个想法。

其他科目的教学示例

以下展示了讲授其他科目时使用策略47的示例。

- 语言艺术教师要求学生为短文写作立意，然后分组讨论彼此的观点。各小组可以在动笔之前使用奔驰法帮助同伴修正其想法。

- 科学教师要求学生们为科技节项目提供想法。学生们必须以小组合作的方式分享彼此的想法，使用奔驰法为他们的想法收集建议，最后进行最终确认。

- 数学教师要求学生们以小组为单位，为学校的一个新自助餐厅设计方案。各组必须使用奔驰法根据对称思想创建既实用又吸引人的设计。

- 社会研究教师要求学生们以小组为单位，为一份演示稿的设计提供想法。各组必须使用奔驰法评估他们的想法，并提出最终的设计。

- 视觉艺术教师要求学生们提交一份创意作品的设计方案，其创意作品要与戴尔·奇胡利作品类似。学生们分组合作利用奔驰法获得同伴的反馈，以便在创造作品之前完善他们的想法。

策略48

点击与点归类法

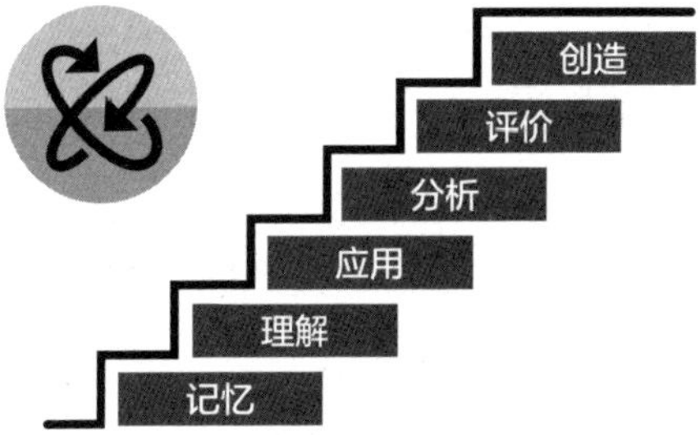

“点击与点归类法”是一种专注于头脑风暴的思维工具，能够帮助学生们找到最佳创意或发现问题。它的原理是让学生们选择、分析和评估各种不同的想法，然后选出一些值得进一步评估的想法。这样，当学生们根据自己选择的想法来创建项目时，就可以很自然地进入“创造”层次的思考过程中。

课堂示例

读完一篇博客后，学生们为撰写一篇新博客进行头脑风暴，新博客主题为如何利用他们知道的科学知识对社区产生积极的影响。将学生们分为几个小组，每位学生选择一些想法，然后将每个想法写在一张便利贴上，张贴于教室内，供他人查看。学生们需要查看张贴的所有想法，然后选择3张自己认为最好的，在上面用圆点进行标注。随后大家回到各自的小组，选出那些圆点（点击）较多的便利贴，将其归类至更大的组（点归类），以确定需要进一步评估的想法。

教学策略实施步骤

请使用以下5个步骤实施“点击与点归类法”策略。

1. 学生们以单独或小组方式就主要话题、难题或关键问题提出各种各样的想法并将这些想法写在便利贴上。每张便利贴只记录一个新想法。

2. 学生们以小组为单位查看每张便利贴的内容。

3. 每位学生选择3个最有希望脱颖而出的想法，利用圆形贴纸或记号笔，在这3张便利贴上各标记一个圆点。这些被标记的就是被点击的想法。

4. 各组选出点击次数最多（圆点最多）的便利贴，将相似的想法进行归类（点归类）。

5. 学生们分组讨论针对话题得到的结论。各组仔细检查整理好的类别，并完善他们的想法。

其他形式

你可以使用策略48开展其他形式的教学。

- 请全班同学提出一些想法，在教室周围贴出5个或更多的想法。每位学生用圆点标记出他们喜欢的3个想法。

- 每位学生就某一话题进行头脑风暴，把其想法记录在便利贴上并贴在教室黑板上，然后请全班同学查看所有的想法。

其他科目的教学示例

以下展示了讲授其他科目时使用策略48的示例。

- 读完R. J. 帕拉西奥的《奇迹男孩》一书后，语言艺术教师要求学生们以小组为单位列出他们想向故事的主角提出的一些问题。每张便利贴只可记录一个问题，然后学生们使用点击与点归类法选出大家最认可的问题。

- 看完一段关于爆炸的视频后，科学教师要求学生们思考爆炸发生的原理，并进行头脑风暴。每张便利贴只可记录一种原理，然后学生们使用点击与点归类法选出大家最认可的原理。

- 数学教师要求学生们了解一个关于修建新跑道的场景，其中涉及数学公式的使用，例如用于确定周长或弧长的公式。教师要求学生进行头脑风暴，找出最好的解决方法或想法，将其记录在便利贴上，然后使用点击与点归类法选出大家最认可的方法。

- 社会研究教师要求学生们进行头脑风暴，找到参与当地选举的方法。学生们分组讨论彼此的想法，并在便利贴上进行记录，然后使用点击与点归类法选出大家最认可的想法。

- 学生们读完一篇关于作曲家或艺术家的文章后，人文学科教师要求他们进行小组讨论并提出一些疑问。每张便利贴只可记录一个问题，然后学生们使用点击与点归类法选出大家最认可的问题。

策略49

六顶思考帽法

心理学家和思维研究专家爱德华·德·博诺开发了一种通过多个角度来考查信息的方法——**六顶思考帽法**。六顶思考帽法要求学生们6人一组，每人代表一种颜色，分别关注以下方面：（1）思考过程（领导者），（2）事实（信息），（3）情感，（4）创意，（5）益处，（6）注意事项。通过多个指定的思考角度，学生们能从不同视角考虑某个问题或决定，从而更全面地分析和理解问题。该策略能避免学生在未考虑情绪反应、消极面或其他创新项时快速做决定。这些帽子包括：

- **领导（蓝）帽：**戴帽人是团队的领导者，必要时向戴其他颜色思考帽的成员寻求帮助，推动思考过程。
- **信息（白）帽：**戴帽人关注可用的数据和信息，以便针对某个主题或问题寻求全面的综合性信息。
- **情感（红）帽：**戴帽人利用直觉衡量他人对某决定或信息的情绪反应。

- **创意（绿）帽：**戴帽人能够针对问题提出创造性解决方案。
- **乐观（黄）帽：**戴帽人能识别出某想法的益处和价值。
- **谨慎（黑）帽：**戴帽人会仔细考量某想法的潜在负面影响、薄弱环节或错误，促使团队解决问题或改变计划。

教师可以给学生们发放角色卡，制定该策略的总结表，如表7.2所示。

表7.2　六顶思考帽法的角色期望卡

领导（蓝）帽 	•进程控制 •焦点 •大局 •计划 •总结 •时间管理	常见问题： •需要什么样的思考？ •我们目前做了什么？ •我们下一步要做什么？
信息（白）帽 	•信息 •图像 •事实 •数据	常见问题： •事实是什么？ •我们现在有什么信息？ •我们需要什么信息？
情感（红）帽 	•害怕 •对他人的影响 •感觉 •直觉	常见问题： •这让我有什么感觉？ •我喜欢这个想法吗？ •这个想法的哪里让我不喜欢？
创意（绿）帽 	•创造性思考 •备选方案 •改进 •开拓思路	常见问题： •还可能有什么新想法？ •我有什么建议？ •我还能创造出新内容吗？ •有备选方案吗？

（接上表）

乐观（黄）帽 	•最佳方案 •益处 •积极思考 •乐观	常见问题： •有哪些好想法？ •为什么有效？ •优势是什么？ •这对我们有什么帮助呢？
谨慎（黑）帽 	•风险 •潜在问题 •障碍 •消极面 •劣势	常见问题： •出现了什么问题？ •能有效吗？ •安全吗？

这个策略包含了多个思维层次：领导（蓝）帽监督整个思维过程；信息（白）帽提供解决问题的必要信息（“理解”层次）；情感（红）帽考虑其他人对信息或想法的反应（“分析”层次）；创意（绿）帽提出独特的解决方案（“创造”层次）；最后，乐观（黄）帽和谨慎（黑）帽识别想法中的优缺点（“评价”层次）。

课堂示例

学生们读了一篇关于政府管理中公民参与缺位的文章，然后考虑如何能提高公民参与度。教师给组内每名学生分配了一个角色帽。学生们查看自己的角色卡（见表7.2），准备进行小组讨论。领导者（蓝帽）请发言人（白帽）总结有关主题的所有信息。情感代表（红帽）分享公民不愿意参与的原因。创意代表（绿帽）提出提高公民参与度的建议。谨慎代表（黑帽）提出相关建议的负面影响。

乐观代表（黄帽）提出相关建议的积极影响。随后，领导（蓝帽）请所有代表继续讨论，以确定提高公民参与度的最佳方案。

教学策略实施步骤

请使用以下5个步骤实施“六顶思考帽法”策略。

1. 确定一个可以使用六顶思考帽法的主题或问题。

2. 6个学生一组，为每个小组成员分配角色帽，也可小组自由决定。向每个学生分发对应的角色帽描述卡（见表7.2）。

3. 发布主题或问题的相关信息，学生以他们的角色帽视角分析这些信息。

4. 蓝帽学生推动小组讨论，白帽学生先分享，然后是红帽、绿帽、黑帽和黄帽。所有学生发言完毕后，蓝帽学生邀请其他人进行补充讨论。

5. 学生通过以下问题进行过程反思：

- “你对主题的认识是如何借助帽子视角的分析得到提高的？”
- “你对主题的思考发生了什么变化？”
- “在这个过程中，你产生了什么新想法？又完善了什么想法？”

其他形式

你可以使用策略49开展其他形式的教学。

- 可以调整策略过程，允许学生对同伴的表现或报告进行反馈。领导（蓝）帽引导对话；信息（白）帽总结学生是如何完成任务目标的；情感（红）帽描述他们对工作的感受或意见；创意（绿）帽提出完善建议；谨慎（黑）帽识别主要问题或需要改进的地方；乐观（黄）帽识别项目的积极影响。

- 教师可以让学生设计一套可用来练习六顶思考帽法的游戏卡。

其他科目的教学示例

以下展示了讲授其他科目时使用策略49的示例。

- 语言艺术教师要求学生讨论学校有关“哪些书不允许出现在图书馆”的政策。学生们6人一组，每个人佩戴不同角色帽，进行讨论。

- 科学教师要求学生考察当地高中应如何增加可再生资源的使用，并减少不可再生资源的使用。学生们6人一组，每个人佩戴不同角色帽，进行讨论。

- 学校计划建造一个花园，其大小应与操场大小成比例。数学教师要求学生在预算范围内有效地完成这项任务。学生们6人一组，每个人佩戴不同角色帽，进行讨论。

- 社会研究教师要求学生们6人一组就“社区如何促进选民登记”进行讨论，每个人都佩戴不同角色帽。

- 商学教师要求学生们讨论提高学校商店销售额的方法。学生们6人一组，每个人佩戴不同角色帽，进行讨论。

策略50
推论阶梯法

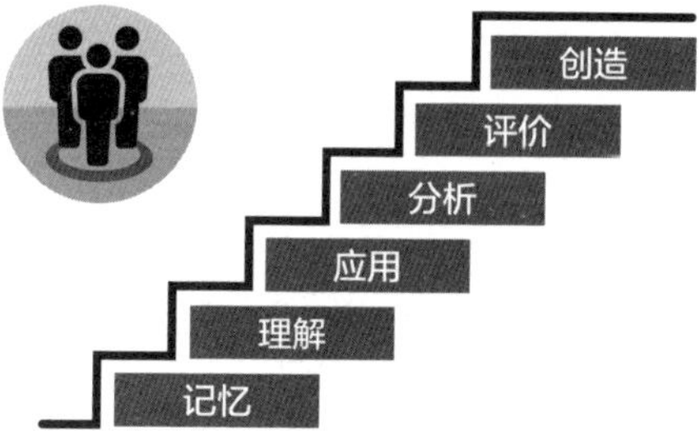

“推论阶梯法”是一种通过推理来加强抽象思维的策略。这一策略的第一梯级是，通过五感感知环境中的信息。第二梯级是，学生们要关注重要信息并试图从中确定其意义。第三梯级是，学习者在确定意义的同时，也同时做出假设并得出结论。最后一个梯级是，根据这些结论，采取行动。概括起来，这四个梯级包括：（1）感觉，（2）意义，（3）假设和结论，（4）行动。感觉和意义阶梯是从“理解”层次构建知识。学生们做出假设并得出结论是从“分析”层次进行思考。行动梯级的任务对应的是“创造”层次。例如，学生们可以针对真实任务设计方案，创造新颖的艺术品或者编写原创作品。

课堂示例

教师装扮成《红字》中的海丝特 · 白兰，念了故事中的一段独白，并围绕该角色形象鼓励学生们提问，从推论阶梯的第一梯级开始一直问到第二梯级。然后，学生们根据互动内容对小说进行了假设并得出结论（第三梯级）。完成讨论后，他们才开始阅读这个故事，然后以海丝特·白兰或珠儿的角度在丁梅斯代尔死后10年进行独白写作（第四梯级）。

教学策略实施步骤

请使用以下4个步骤实施“推论阶梯法”策略。

1. 确定一个有深度的话题进行讨论。

2. 在黑板上画一个四级阶梯，即（1）感觉，（2）意义，（3）假设和结论，（4）行动，并向学生们解释它的用途。

3. 全班就所选话题开展讨论。当有符合这四级阶梯的评论出现时，由一名学生将其写在相应的梯级上。

4. 为了完成第四梯级的任务（确定成果），学生们可以编写、展示或创造成果。确保学生在进行高层次思考时能够进行知识应用和迁移。

其他形式

你可以使用策略50开展其他形式的教学。

- 首先学生以小组或两人结对的方式完成此阶梯法，然后再通过班级讨论整合信息。
- 在推论阶梯的第四梯级，也可以不确定行动成果，而让学生进行头脑风暴，讨论针对本话题可采取怎样的行动。

其他科目的教学示例

以下展示了讲授其他科目时使用策略50的示例。

- 语言艺术教师要求学生查看展示大萧条时期的图片、视频和物品，然后进行班级讨论，获得推论阶梯策略前三个梯级所需的信息。最后再阅读作家约翰·斯坦贝克的《人鼠之间》。阅读后，学生以短文写作方式，回答以下其中一个问题：希望和梦想对生活有多重要？社会上谁拥有权力？安乐死是否合理？

- 科学教师要求学生们观察一个数字在线仿真模型，该模型演示了热对不同分子微粒的影响。学生们以小组为单位使用推论阶梯策略关注重要信息、得出结论并通过设计动手实验进行跟进。

- 数学教师要求学生们分析当地一条需要设计高架标志的道路。学生们遵照推论阶梯策略分析道路，利用他们的分析得出有关所需物资的结论，并根据相应计算和所需规模设计标志。

- 社会研究教师要求学生们查看肯塔基州东部阿巴拉契亚山脉的一张照片。学生们使用推论阶梯策略讨论山顶移除的可能性和影响，以及当地社区组织应采取什么行动来支持或防止这种变化。

- 美术教师要求学生们查看一幅关于蓝调时代（19世纪70年代）的画作。为理解其意义，教师和学生对艺术作品提出问题和推断。然后，学生们根据19世纪70年代的蓝调思想，提出设计一幅描绘其所在社区某个方面的画的构思。

思考与实践

思考题

请回顾本章内容并思考下列5个问题。

1. 本章中的哪些策略与你现有的教学实践相一致？如何适当改进这些教学实践，以便提升学生的创造性思维？

2. 你准备下个月使用哪两种策略来培养学生们的创新技能？

3. 你可以通过哪些方法将运动、合作和媒介素养融入到“创造”层次的项目中？

4. 针对本章中你有意采用的策略，你能提出哪些变化对其进行强化？

5. 你能想到哪些方法用来对本章中的策略加以完善，使之更加适合你的特定课程？

实践题

请组织以下3项活动，将本章的概念应用到你的课堂教学中。

1. 选择一个你想用于课堂的策略，并针对你所教授的内容制订一个计划。确定一套标准帮助你衡量学生在活动中表现出的批判性思维层次。华盛顿州立大学为此提供了一套十分有用的标准。

2. 你在使用某个策略后，询问学生是否喜欢该策略并思考下次应做哪些改进。

3. 观察其他使用批判性思维策略并获得创造性成果的教师。写下你在观察中的所思所想，以及如何将它们应用到你的教学中去。

第八章

巩固思维文化

CEMENTING A CULTURE OF THINKING

> 树木终将倒向它倾斜的方向。请谨慎选择你的方向。
>
> ——老雷斯

利用有效的教学策略可以激发学生们的批判性思维能力。然而，在课堂上还有许多其他要素可以培养思维文化。换句话说，教师可能会利用不同的学习策略和锻炼批判性思维的任务，但是，如果没有一种思维文化把它们凝聚起来，学生就无法发挥最佳潜力。请反思你的课堂和你任职的学校。课堂环境和学校环境是如何促进思维文化形成的？你的课堂会倾向于让学生们自主思考吗？请考虑以下问题：

- 你会进行思维建模并使用一些思维范式吗？
- 在教学过程中，你允许学生参与进来吗？
- 课堂任务是否能提供给学生们难度适当的挑战，是否能培养学生的信心，帮助他们理解所学的内容？
- 一般而言，课堂任务与现实生活中的实际应用相一致吗？
- 作为教师，你是否提供了清晰的、有效的反馈？
- 你是否提供了实践的机会，并将批判性思维技能的应用转移到新的情境中？
- 你所采用的教室布局有助于开展以学习者为中心的教学吗？

本章将探讨影响思维文化形成的几个原因，如课堂环境、实践活动和教学模式。首先让我们快速回顾一下以学生为中心的思维型课堂与以教师为中心的传统课堂的不同之处。

走进思维型课堂，你可能不会马上注意到授课教师。因为由学生们组成的各个学习小组拥有很大的自主权。学生们要做的是进行发散性思考，提出问题并找到解决问题的不同方法。重点是学习过程，以及让学生通过真实的任务来深入理解知识。学生们有足够的时间来研究和完善他们对学习内容的思考，从不同角度进行分析，创造成果以满足现实需要。此外，教师会有意识地根据学生们的需求开展教学，同时也对学生们的进步予以表扬。表8.1总结了传统课堂和思维型课堂之间的差异。

表8.1　传统课堂对比思维型课堂

传统课堂	思维型课堂
以教师为中心	以学生为中心
展现工作文化	展现学习文化
教师以讲授的方式传递教学信息和内容	学生提出探究性的问题
注重教师的专业知识	注重由学生完成对智力要求很高的任务来理解知识
导致学生的依赖性	培养学生的独立性
提出只有一种正确答案或一种解题方法的问题	提出让学生发散思维且有多种解题方案的问题
注重分数	注重学习过程
鼓励快速回答	鼓励研究和分析后再行作答，并留出时间进行反馈、反思和修订，以纳入新的信息和思考所得
以教师为主，学生们的讨论空间有限	学生适时讨论各种想法和解决方案
学生养成固定型思维	培养学生的成长型思维
学生完成按照教师意愿设计的作业和任务	学生完成反映现实社会问题的作业和任务
按固定课表授课	适应并反映学生的需求

本书介绍的50种教学策略将对你打造具有上述特征的思维型课堂大有助益，而本章内容将通过巩固思维文化和确保学生受益来帮助你完成课堂改革。本章涵盖以下10个主题。

1. 理解教师的角色
2. 调整任务难度
3. 建模思维技能
4. 赋予学生权利
5. 制定思维规范
6. 设计能够应用于现实生活的任务
7. 使用能够激发思考的词汇和通用语言
8. 创造实践机会
9. 提供反馈
10. 合理布置教室

理解教师的角色

在创建思维型课堂时，教师的作用是作为激发学生学习动力的教练，促成学生智力的发展。为了传授更高层次的思维技能，教师需要支持但不要提供太多的指导，以免降低学生的思维水平。永远不要忽视这样一个事实，即以学习者为中心的教学活动注重学生的自主学习能力。

约翰·哈蒂的研究表明，教师在传统的课堂上几乎有70%的时间都在说话，教师的发言率越高，班级成绩越差。你已经在本书中读到了很多更好地利用课堂教学时间的方法。为了避免滔滔不绝的倾向，一些教师会给自己计时，规定在短时间内给出指导或关键信息，然后给学生们留出更多的时间。新加坡教育部有一项名为“少教多学”的倡议，着重强调减少教师的说话时间，增加学生的学习时间。

制订教学计划时，教师应该从学习者的角度出发，而不仅仅是当成一项工作去完成。教师应该告诉学生的是“开始学习”，而不是“开始完成作业”。教师应该本着有助于学习而不是布置一份作业的想法来设计所有任务。师生之间的对话重心应该是“你学到了什么”，而不是“你在做什么”。这些措辞上的微妙变化恰恰体现了最有价值的部分——学习。

调整任务难度

在学习过程中，当任务难度随着学生能力的提高而增加时，他们的表现才能达到最佳水平。因此教师必须摸清学生们可以做哪些事情以便相应地调整任务难度。（难度调整可以向上，也可以向下。）这个教学中恰到好处的地方通常被称为“心流”。心理学家米哈里·契克森米哈赖认为心流是：

> 以纯粹的目的全身心地参与一项活动，忘却自我于飞逝的时光里。正如演奏爵士乐一般，每一个行为、动作和想法都自然流淌而出。你倾情投入，将技能发挥到极致。

实现心流需要三个心理触发因素：（1）明确的目标，（2）即时的反馈，（3）挑战与技能保持平衡。如果学生因为任务困难而表现出不知所措的迹象，就请降低任务难度，让他们重新进入心流状态并保持学习的动力。若因任务太简单致使学生表现出感到无聊的迹象，便可增加挑战难度。

要让学生在课堂上进入这种心流状态，你需要将任务的难度锁定在学生恰巧可以独立完成的水平上。心理学家维果茨基在他的最近发展区理论中宣称，对于复杂的任务，学生们最初可能需要同伴的支持，直至变得更加有能力。他们会在具有挑战且能够获得支持的学习环境中持续地参与和感知学习。

制订教学计划时，要充分考虑学生们现有的学业水平。学生不断地取得一些进步后，再逐步提高任务难度。这意味着应该因材施教，提供脚手架式的支持，包括让学生与同学合作或由教师提供其他具有挑战性的任务。例如，你可以为学生们提供信息组织图或思维导图、复杂度偏低的文本或图形，或待完成的步骤清单。这些难度适中的任务可以培养学生的信心，增进他们对课堂内容的理解。为了增加难度，可以选择更具开放性、指示性语言不够明确的高水平思考型任务。鼓励和询问学生，且不允许在没有理由或证据的情况下简要作答，这样可以促使学生们开动脑筋。

建模思维技能

当看到别人直观地展示出成功的技能和新的设想时，人们自然而然会学得更好。“有声思维”这一概念初见于布卢姆的著作，并得到了后续研究的证实。通过实时建模，学生们可以直观地看到教师的思维过程。此外，学生们在提问、提供建议、回想个人经历和做出判断时可以通过说的方式体现自己的思考。这样虽然减慢了整个的思考过程，却给学生以足够的时间来检查理解程度、反思思维方式（元认知）。威尔海姆发现，推理技能伴随着有声思维而得到提高，因为学生们将信息与生活和课本联系起来，从而在他们考虑哪些信息更重要、更有价值时获得更深的理解和批判性分析技能。

有声思维也被证明对残疾学生和那些将英语作为第二语言来学习的学生特别有帮助。

当教师和学生们通过大声解释自己的思维来建模批判性思维时，其他学生就能理解有效思维的过程了。在为思维策略建模时，对决策制定加以展示十分必要。该过程涉及脚手架方法，从建模到指导，使得学生们可以独立复制这个过程。例如，教师要求学生选择一幅当代绘画作品，并将其与独立战争进行比较，教师可能会做如下描述：

> 当我看着湖上的日落时，我看到湖中央有一艘空船。这让我想到，没有外部支持的大陆军在大多数时候是多么孤独。边缘的黑色部分让我想到，由于缺乏补给、训练、资金和运输工具，大陆军可能会觉得一切不好的事情都在向着他们逼近。

在此之后，教师可以让学生们就绘画作品和独立战争做出其他的比较。

赋予学生权利

为了培养一种思维文化，学生们需要发言机会来提出自己独特的想法、观点和解释。若你允许他们成为独立的思考者，就意味着在培养一个受过教育的好公民的同时赋予了他们以自主权。学生们也会从信息的消费者转变为信息的创造者。中国上海、新加坡和芬兰的主要教育从业者已经将教育的重心从传授知识转向了教授如何进行深层次学习，这给予学生们为自己量身定制学习方式的自主权。

打造思维文化时，教师应该扮演非引导性的角色。这意味在课堂决策、鼓励学生发声及向学生强调其想法和贡献的重要性等方面“分享权力”。“我怎么没有想到呢”“你提到的这一点非常好”和“我也不确定，咱们一起查一下吧”等语言能让学生们感到被倾听和被鼓励。教育专家和作家罗克珊·罗斯–达克沃思和卡琳·拉默指出：“在单独或与他们一起尝试完成有价值的任务时，独立的学习者在内心会激励自己多加反思、随机应变、提高效率。即使困难重重，他们也将坚持不懈。”这样的课堂环境有助于专业知识的分享。

为了激励学生、支持他们发挥主动性，需要采用一些提供不同选项的任务。当他们感到被鼓励而成为独立的学习者并对自己的学习有一定的控制权时，便更有可能进行批判性思维，并取得一定成效。一项针对高中生的研究发现，若教师布置的任务难度水平适当，让学生们自由支配时间，且任务与自己的兴趣相关，他们的参与度和兴趣会大大增加。

你可以就有趣的学习方法征求学生们的意见。例如，“大家希望以何种方式学习诗歌呢？”作家威廉·卡尔博纳拉和亚当·盖莫兰指出：

> 邀请学生们以平等的身份参与课堂时，对其作为思考者和学习者的期望值也随之提高了，学生们受到鼓舞，积极参与学习过程。除此之外，当被允许自选阅读材料时，他们可能会更加深入地参与到自己的学习中。

我们也可以将发言权和选择权扩展至学习主题、评估和技术操作层面。探索和自主学习时，大脑会积极运转——这是真正的探究式学习。学生们有了更多的自由后，师生间可以达成学习合同或学习协议。通过这个过程，学生们可以学会管理任务、组织信息和会议、做好记录，并在总体上合理安排自由时间。

制定思维规范

激发学生思考的课堂是有一些规范可以遵循的。比如重视所有的观点和想法、从错误中学习、庆祝他人的成功以及尊重他人等。

公开讨论时应该重视不同的观点，让学生们放心大胆地分享不同的思考方式。完成较难的任务时，学生们也不必担心会出错。只有感受到自己的想法被重视时，学生们才会更愿意提出问题并参与讨论。研究显示，39%的学习者认为学生们会相互鼓励。当教室在情感上是足够安全的，学生们可以自由地探索新想法、犯错、冒险时，他们才更愿意考虑不同的观点和不同的思维方式。这一点至关重要，因为33%的学生表示，给他们犯错、质疑和纠错的自由才是学习过程的关键。

一些教师会使用“加击”的方法（指高尔夫球员可以在不受处罚的情况下重击一球）。从本质上讲，这是在犯错之后的第二次机会。在课堂上，允许学生在做陈述或发表观点时申请“加击”，可以让他们改变想法。若教师申请“加击”，则可以传达这样一个理念，即每个人都是学习者，包括教师自己。提醒学生们注意思考过程中犯的错误并适时做出调整。

在制定课堂规则时，需要明确一些不容商榷的内容，但同时也要让学生们参与制定其他规则。学生们还应就小组讨论等课堂活动的要求达成一致，从而促进师生间的良性对话。例如，一些教师使用等式："点名+不垄断、重参与=无须举手"。这意味着教师会随机点名，但被点到的学生不确定如何作答时可以向其他同学寻求帮助。在讨论期间，学生们都是平等的，因此没有人垄断（霸占）讨论，也没有人不积极参与（像木头一样）。有了这个等式，没有必要举手，因为所有学生都能参与其中并监控自己的行为。思维型课堂上，学生协作无处不在。

通常情况下，需要合作完成的任务之所以不成功，是因为学生们不了解小组合作的必要条件。如果意识到学生们在小组合作时很吃力，请为他们播放一段视频，展示良好的团队合作，指明有效团队所必需的行为。了解了这些之后，学生们就可以评估自己的能力，以表现出良好的协作行为，并对彼此负责。为了促进更有效的讨论，请向学生们分发陈述和问题框架（见表8.2）。学生们可以使用这些框架来构思自己的意见和问题。

表8.2　用于课堂讨论的陈述和问题框架

陈述框架	问题框架
澄清	
我确认下，你是说＿＿＿＿＿＿＿？ 当你说＿＿＿＿＿＿＿时我有点困惑，能再解释一下吗？ 那么，你的意思是＿＿＿＿＿＿＿？ 可以说，你相信＿＿＿＿＿＿＿？ 我听到你说＿＿＿＿＿＿＿。	你能给我举一个＿＿＿＿的例子吗？ 故事中，哪里＿＿＿＿＿＿＿？ 就＿＿＿而言，什么是一个好的原因？ ＿＿＿＿＿＿＿的证据是什么？ 很好的见解，那么＿＿＿＿＿呢？ 你提到＿＿＿＿＿，意思是什么呢？ 你能再解释一下＿＿＿＿＿＿吗？ 关于＿＿＿＿＿，我有一个问题。

（续表）

陈述框架	问题框架
同意	
我同意的原因是______________。 她关于__________的观点十分重要， 因为______________________。 当你认为____________________时， 关于__________的证据是十分充分的。 关于__________，我和她出发点相同。 虽然我不同意__________________， 但我赞同他说的________________。 我赞同________提出的__________。 我赞同你关于______________的观点。 我的想法类似，因为______________。	什么证据支持你的观点或想法？ 还有其他例子吗？
反对	
我的看法不同，因为______________。 我看到的证据表明了同____________ 不一样的内容。 其中有一些_______________是事实， 但有一些仅仅是一些观点。 我同意__________________________， 但我们必须考虑__________________。 我看到了_________________的不同， 因为__________________________。 我不太同意，对我来说____________。	为什么你认为__________________？ 什么证据会否定你的观点或想法呢？ 思考__________的其他方法是什么？
总结	
大体上，我想说的是______________。 我所有的观点可以概括为一句话， 即____________________________。	所以你的意思是____________，对吗？ 如果我没理解错的话，你的意思是 ______________________________？

（续表）

陈述框架	问题框架
续谈	
他们提到____________________。 是的，与此同时____________________。 作者关于____________的声明很有意思，因为____________________。 就他所言，我补充一点：____________。 如果稍微改变一下她的立场，我们可以看到____________________。	你觉得怎么样？ 你的想法是什么？ 我们还没有听到你发言，你同意这个观点吗？

设计能够应用于现实生活的任务

为了激发学生们的积极性和更严肃的责任感，课堂任务应该模拟真实世界的问题，或者是逼真的问题和情形。最佳的开始方式是，在解决问题的过程中，将任务与他们的日常生活和个人兴趣联系在一起。研究表明，如此一来，学生们的学习动机很可能高达原来的14倍。类似地，在另一项研究中，学生们可以自主总结学习内容，或将其与自己的生活联系起来。后一项研究中的学生，特别是那些最不可能表现良好的学生，平均得分更高，且对相关学科领域表现出更多的兴趣。

真实且具有挑战性的任务会促使学生们持之以恒、提高成功带来的满足感。简而言之，它使学习的作用更加强大。里查特将强大的学习机会定义为那些需要“新颖的应用、有意义的探究、有效的沟通和感知价值”的机会。从本质上说，当学生们将知识和技能迁移到新的环境中时，他们能够通过证明自己的想法来提升和展示自己对知识的掌握情况。

要建立这种目标感和重要性，请在你的教室、学校、社区、国家或世界中发现一个问题。然后评估学生们如何使用相关知识来解决这个问题。以下是可以展示给学生的项目教学实例。

- 本学年即将结束，学校的“思瑞特商店”还有很多库存。设计一个清算库存的方案，同时还需实现最大利润。请准备一份可以向校长展示的演示文稿。

- 在包括4名学生的团队中，由你扮演一位科学家，设计并实施一项展示“自然选择”的实验。首先，确定好研究方向（如特征），之后设计实验，包括研究问题、实验步骤和所需的材料。开展实验，并综合分析所得数据。你的科学团队将把实验结果展示给父母和社区成员。

- 你刚刚被一家体育用品店雇用。一款新的网球鞋刚刚发布，你的老板正在考虑每种尺码的鞋要买入多少双。你需要与合作伙伴一起收集类似产品的鞋码和销售数据，并制作一份详细的报告，包括盒须图、直方图、线图和频数表。对于每张图表，解释你所收集数据的作用。总结你的发现，并准备一份内容丰富的演示文稿，供老板制定决策时参考。

请分析表8.3。请注意，真实的教学体验是如何与深度认知学习建立直接联系的。在培养学生批判性思维的过程中，你的作用是什么？

表8.3　批判性思维层级的应用

起步	发展	持续	理想或目标
教师根据布卢姆的记忆、理解或应用层级等内容指导学生们互动。	教师根据布卢姆的理解或应用层级等内容指导学生们互动。	教师根据布卢姆的分析、评价或创造层级等内容指导学生们互动。教师将基于问题和项目的学习与开放式的学习体验相结合。	学生们在布卢姆的分析、评价或创造层级提出问题或方案。学生们进行复杂的思考，像专家一样就现实问题提出解决方案。

使用能够激发思考的词汇和通用语言

马尔扎诺强调建立一种通用语言并以此为框架探讨全校教学活动的重要性。沃尔什和萨特斯指出："表达思考的语言能够精确表达认知加工过程。"若学校能够就批判性思维词汇达成共识，学生们便可以不断强化并展示这些技能。下表提供了教师在分析、评价和创造层级上分配和定义任务时常用的批判性思维标准。

- **分析**
  - 区分相关信息和不相关信息，得出符合逻辑的结论。
  - 识别偏见、假设、意图或观点。
- **评价**
  - 探讨未经证实的主张，质疑想法，并要求对论证、解释、假设或观点进行验证。
  - 通过识别问题或情境、获取相关信息、定义评价标准、深究选项和优先考虑替代方案，做出决策。
- **创造**

- 探索各种假设或想法来解决新的或界定含糊的问题。
- 设计并执行与原始资料完全不同的解决方案。

教师若能给出清晰、具体且能够引发思考的术语，那么学生们也会使用类似的术语。若在学校层面能够列出术语规范，那就更好了，学生们就会做到全面一致。全体教师应集思广益，找到给学生讲授关键词及其定义的好方法。表8.4展示了一些教师常用语以及改进建议，从而使批判性思维的术语更为准确得当。

表8.4　批判性思维术语替换表

不要说	使用能够激发思考的术语
“让我们看看这两个项目的相似点。”	“让我们来**比较和对比**一下这两个项目吧。”
“让我们一起找找问题。”	“让我们来**分析**一下这个问题。”
“接下来会发生什么？”	“你们**推断**接下来会发生什么？”
“你们读完这篇文章的感受是什么？”	“从这篇文章中，你们得出了什么**结论**？”
“使用这种方法会发生什么呢？”	“**预测**一下使用这种方法可能产生的结果。”
“你们如何评判自己的工作呢？”	“你们会用什么**标准**来**评价**自己的工作？”
“你们为何认为这是真的？”	“你们用什么**证据**来支持自己的说法呢？”

创造实践机会

若要做到擅长思考，学生们需要各种机会加以练习。在一场幼儿园学生和哈佛MBA研究生之间的比赛中，参赛选手在规定时间内用意大利面、绳子、胶带和棉花糖建造最高的塔。MBA研究生选择花大量的时间设计建造方案，而幼儿园学生则先是尝试用不同的方法建塔，如若失败，再重新设计。最终，幼儿园学生搭建的塔最高。这便证明，高效的思考者会不断尝试，经历许多失败，而失败则会促使人创新。

为了让学生们批判性地思考，教师必须让他们接触新的阅读分析材料，以创造出新的意义。设计任务和作业，是为了激发学生思考，并将所学迁移到新情境中。为了给学生们创造应用所学知识的新机会，可以给他们提供一些声明、段落、引文或报告等文本材料，或者图表、图形、表格、分布图、图片、模型、示意图、图纸或电子表格等图表材料。

我发现教师的常见错误是，在总结性评估中重复使用学习材料中的例子。这会降低学生们在评估时所需的思维水平。教师应基于相同的理念设计不同内容的评估事项或问题，促使学生们展示更深层次的理解。

学校教育质量提升专家麦克·什莫克建议，用参与智力要求高的任务的机会取代传统课堂上常见的低水平任务，是提高学生成绩的最有效和最经济的策略。对于大多数教师而言，需要反思现有任务，并通过与真实的受众建立联系、为学生提供选择和增加任务的开放性等方式提升教学活动的思维水平。有了更多的选择、创造力和挑战后，学生们便能加强自己的能力了。

随着教学转向更高层次的思维，学生们便不能就一些难题和挑战直接给出答案。事实上，如果学生们能在规定时间内给出一个答案，那么这个问题很可能是较低层级的，学生们只需死记硬背，或者猜测教师的想法便能作答。需要学生们几经推敲、相互探讨并在得出答案之前展开研究的高水平问题才是最好的。在思维型课堂上，回答问题时并非越快越好。学生们需要时间来思考和反思。而反思过程中，学生们甚至可能会根据新的证据而改变想法。

不要立即纠正学生的答案，而是设法理解他们的推理过程。例如，你可以对学生们说："请分享你的推理"或"请为你的想法提供依据"。让讨论自然而然地发生，同时也要避免打乒乓球式的问答（师生之间一问一答，反反复复）。相反，可以像打篮球一样，让许多学生共同参与，扩展他人的想法。

提供反馈

哈蒂对影响学生成绩因素的分析表明，师生关系是影响学习的关键因素之一。师生关系影响成绩，在影响K–12学生学习的150个变量中排名第12位。牢固的师生关系不仅对学生的成绩产生积极影响，而且特别能促进批判性思维技能的发展。"孩子能做什么"网站（www.whatkidscando.org/index.html）的联合创始人凯瑟琳·库什曼指出，对学生而言，能够促进思维文化形成的师生关系是："经常提醒我们，你期待我们最好的表现"，"即使遇到问题，也要肯定我们的付出"，"提供有帮助的意见并表示希望我们改正"，"不要拿我们和其他学生做比较"，"一如既往地支持我们"。

提供指导和有效的反馈可以使学生们保持学习和创造的劲头。反馈应着重关注学习者的成长，并为学习者提供可操作的建议，指导其今后的学习。反馈应为学习者提供具体的、描述性的指导。教师应能及时发现良好的思维并提供具体的强化指导。教师要经常说，"实践使人进步，而不是使人完美"。批判性地思考是一个成长的过程。

注重思维发展的反馈应当包括这样的评论："你真的在挑战自我"和"你在这个项目中的表现值得称道"。为了促使学生分析他们的作业，你可以这样问他们，"你觉得它怎么样？"和"还有什么需要补充的吗”。观看在线视频《奥斯丁的蝴蝶——构建高质量的学生作品》，体会如何做出有效反馈。

合理布置教室

物理环境传达了使用空间的人的理想或原则。换句话说，当学生们进入一个空间时，物理环境会告知他们什么最为重要。你的课堂布局是如何促进以学习者为中心的教学的呢？相反，它是否导致了学生们的被动性和服从性？

思维型课堂看上去与传统课堂截然不同，学生们互动起来尤为方便。例如，小组式、马蹄式等座位安排方便学生们参与讨论。多样化的布置方式有助于各种有思想的互动。图8.1展示的教室布置为学生们提供了足够的空间来进行分组互动。

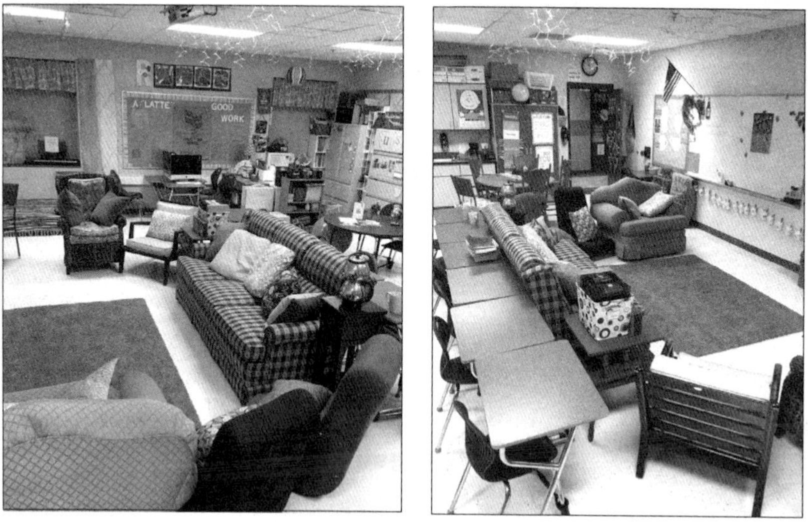

图8.1　提高参与度的课堂环境

作家大卫·索恩伯格定义了教师在课堂上需要的3种不同空间：（1）篝火堆式（围绕着一个传授智慧的圣人般的重要人物来布置教室），（2）水坑式（供学生进行小组合作的小空间），（3）洞穴式（学生可以独自反思和学习的空间）。因此，教室可能为不同类型的活动设置不同的学习区域。此外，还可灵活安排学生休息区、创客空间、咖啡吧、活动站和室内室外空间等。为了鼓励学生们去思考如何最佳利用教室空间，可以考虑让他们参与设计最适合他们的教室布局。

你也可以考虑设置灵活的学习空间，学生们可以自由选择布置教室的工具，比如放置健身球、站立式桌子、瑜伽垫、凳子等，学生们可以坐在地板上、躺在地板上或者根本不放置桌子。

除了要精心布置教室，思维型课堂还包括语录、探索性问题和在视觉上吸引学生进入思考的展示。类似本书每一章开头的名人名言的语录可以激发学生的思考。你也可以安排布置学生们以前的作品，展示任务完成的各个阶段（学习进程）。

音乐和灯光也十分有用，比如在社交性的任务中播放流行音乐，在个人任务中播放古典、爵士或纯音乐。进行更深入的讨论时，可酌情调暗灯光。

最后，思维型课堂上各组的任务不尽相同，这样可以更好地帮助学生们学习。例如，使用同等水平编组法，基于预评估数据把需要支持或额外挑战的学生分为一组，或者允许擅长某一特定主题的学生与需要帮助的学生合作。学习点间移动法是另一种将学生按能力分组的方式。与水平相当的同学一起学习时，学生们可以在不同的学习点之间移动，或者在完成特定任务时，除了参与教师按能力划分的小组，还可以和不同水平的同学合作。你可以根据学生的兴趣和不同的能力水平划分合作小组。分组时可参考兴趣清单（调查表）。

道格拉斯·费希尔和他的同事点评了分组学习的价值："当教室里充满讨论声和对话声时，更容易判断学生们是否进行了认知参与。当生生之间、师生之间相互交流时，他们的思维就会显而易见。"

延续思考文化

思维型课堂是一个充满活力的地方，在这里，每个人都在相互合作并为学习做出贡献。这种文化会延伸至课堂以外，且必须成为全校范围内有意的、有计划的工作。所有人都有责任帮助学生们打开思路，引导他们接受他人的观点。管理人员应定下基调，为教师提供相应支持、职业培训和所需资源。教师示范合适的思考实践，创造环境提供多种思考机会。教导学生成为有影响的批判性思考者需要时间、精力、知识和所有利益相关方（学生、教师、管理者和家长）付出努力。你可以在课堂或学校做出哪些小的改变来积极影响思维文化呢？

思考与实践

思考题

复习本章内容并思考以下5个问题。

1. 回看本章开头的引语。它是如何符合你的课堂的？你的课堂文化倾向于哪个方向？

2. 如何打造一种能够促进高参与度的课堂文化？

3. 如果走进思维型课堂观摩，你会看到或听到什么？

4. 你的学生们和同事们对你如何在课堂上打造思考的文化有什么看法？

5. 你将在课堂上采用本章中的哪些建议来激发学生们思考？

实践题

请组织以下5项活动，将本章的概念应用于你的课堂教学。

1. 给学生们布置一项需要合作完成的任务，并在任务完成后为他们提供一套可供自我评价的标准。

2. 将如表8.5所示的评分规则发给学生们，尽可能多地了解他们对课堂思考文化的看法。分析调查结果并找出受欢迎的做法，进而据此决定如何在课堂上更好地促使学生们积极地思考。

表8.5　用于反思课堂学习活动的指导原则

日期：________　课时：________　科目：________ **请用阿拉伯数字将下列各项排序。** 1代表全班花时间最多的任务，2代表第二多，3代表第三多。 在这节课上，我们花了**大部分**时间________	
	仔细观察事物，描述它们，注意细节或发现规律
	形成我们自己的说明、理论、假设或诠释
	用证据推理，用事实和理由支持我们的观点
	表达疑惑，提出问题，对我们正在学习的内容表现出好奇心
	将不同的事物与现实世界或我们的日常生活联系起来
	以不同的角度和观点观察事物，采用新的方法看待事物
	确定核心思想，形成结论，或抓住事物的本质
	深挖一个主题，发现谜团、复杂问题和挑战

（续表）

	整合想法、信息、注释和经验，使其具有意义
	反思我们在学习和理解方面所处的水平，以决定下一步的方向
	利用所学的知识来解决新问题或创造一些新颖的东西
	回顾和检查阅读材料或之前课堂作业中的信息
	从我们正在学习的主题中阅读、听取或理解新信息
	将已经学过的技巧和步骤付诸实践
在这门课上，我确实被迫思考（请圈出合适的选项）。 完全没有　　一点点　　一些　　很多 作为一名学习者，如果我__________，这会使我获得帮助。 作为一名学习者，如果老师________，那会对我有所帮助。	

3. 对发展课堂思考文化的水平进行自我评价。你有什么优势，又有哪些需要改进的地方？与同事分享你的想法，总结最佳做法，再做进一步提升。

4. 请一位管理人员或同事观摩你的课堂，并使用表8.6来评定班级的思考文化。分析反馈并找出需要改进的地方。

表8.6　批判性思维评价表

管理人员或同事可以使用此表为课堂批判性思维水平提供反馈		
批判性思维评价表		
	观察到	未观察到
教　师		
提出发人深省的问题和评论		

（续表）

阐明可替换的、有创造性的或争议性的观点以激发学生讨论		
以尊重学生的方式要求他们提供支持其观点的证据		
鼓励同伴认真考虑他人的意见和想法		
提供难度水平适当的任务		
建模实时思维		
促进形成思考模式以激发批判性思维		
将知识与现实社会相联系并加以运用		
提供清晰、有影响力的反馈		
为学生提供多种参与批判性思维的机会		
利用教室的空间布局来促进学生思考		
提供多种参与批判性思维的机会		
学　生		
提出发人深省的相关问题和评论		
阐明精确的评论		
通过评论展示分析的深度		
对别人的评论做出回应或进行富有逻辑的思考		
利用显示批判性推理的证据，以及分析、综合和判断等模式对观点和评论加以支持		
礼貌地请求他人为自己的观点提供证据或支持		
以创造性的方式处理讨论或问题		
用一种深思熟虑的、理性的方式来处理讨论或问题		
宽容对待对立的信仰、想法或观点		
鼓励同伴不要随意驳回别人的观点和想法		

5. 在你所在班级的门上贴一个“欢迎观摩”的标志，并邀请同事们花一整天的时间前来观摩。在标志上指出你具体是如何努力打造思考文化的，以及同事在给出反馈时应重点关注哪些方面。

作者简介

丽贝卡·斯托博，现任美国西肯塔基大学副教授，主讲教师教育专业的评估和单元设计课程。她负责指导新入职教师，并担任批判性思维、教学策略、课程评估、技术整合等课程的学区顾问。她曾是初高中教师，并担任过中学校长。

丽贝卡出版的专著包括《初高中学生批判性思维评估》（*Assessing Critical Thinking in Middle High Schools*）《小学生批判性思维评估》（*Assessing Critical Thinking in Elementary Schools*）《现实世界中的小学学习框架》（*Real-World Learning Framework for Elementary Schools*）《现实世界中的中学学习框架》（*Real-World Learning Framework for Secondary Schools*）《课堂上的批判性思维》（*Critical Thinking in the Classroom*）。她定期为资格认证团队提供服务，撰写补助金申请书，支持 K–12 的专业发展。她现任肯塔基州监督与课程发展协会（简称“ASCD”）执行理事，曾任该协会主席。2004年，丽贝卡荣获肯塔基州政府颁发的“年度社会研究教师奖”。

她在乔治城学院获得学士学位，在肯塔基大学获得硕士学位，并在路易斯维尔大学获得 K–12 教育领导学博士学位。

对本书作出贡献的人

劳伦·坦纳是一名课程主任，曾在肯塔基州鲍灵格林市担任高中英语和语言艺术教师。自2011年从教以来，她曾在多个扫盲委员会担任英语部主任，并负责协调考试工作。劳伦拥有课程和教学硕士学位，目前正在攻读管理专业的一级学位。

厄丽西娅·威特默是一名小学教师，她曾是一名阅读干预专家。她生活在肯塔基州北部，十分热爱教学工作，喜欢与学生们在一起。厄丽西娅拥有资优教育和人才发展专业硕士学位，并获得西肯塔基大学资优教育认证。